Serena Leigh wurde 1997 in Japan als Tochter einer persischen Mutter und eines niederländischen Vaters geboren. Mit sechs Jahren zog sie nach Deutschland. Sie besuchte ein Gymnasium in Frankfurt und arbeitete währenddessen an ihrem Erstling „Manipulation“. Ihr neuer Roman „sie.“ schließt inhaltlich in mancherlei Hinsicht daran an, erzählt jedoch ein gänzlich neues Jugenddrama.

Für sie.

Serena Leigh

sie.

1. Auflage (2018)

Herausgeber: tao.de
Autor: Serena Leigh
Umschlaggestaltung, Illustration: tao.de
Autorenfoto: Philipp Hühnerfeld

Verlag: tao.de in Kamphausen Media GmbH, Bielefeld,
www.tao.de, eMail: info@tao.de
Herstellung: tredition GmbH, Halenreie 40-44, 22359
Hamburg

Bibliografische Information der Deutschen Nationalbibliothek: Die Deutsche Nationalbibliothek verzeichnet diese Publikation in der Deutschen Nationalbibliografie; detaillierte bibliografische Daten sind im Internet über http://dnb.d-nb.de abrufbar.

ISBN Hardcover: 978-3-96240-056-9
ISBN Paperback: 978-3-96240-055-2
ISBN e-Book: 978-3-96240-057-6

Inhaltsverzeichnis

Vielen Dank an:
D. Messinger
N. Söhnel-Cordt

Vorwort

Liebe, Eifersucht und verborgene Verletzlichkeit bahnen sich in „sie." unaufhaltsam ihren Weg. Die feinfühlige Ader, mit der Serena die Zwickmühlen eines 16-jährigen jungen Mädchens beschreibt, das auf seinem Weg zur Erwachsenwerden multiple Gefühlswelten durchquert, begeistert. Die Geschichte startet rasant und entführt den Leser postwendend in eine andere Welt hinein. Glücklicherweise währt nichts ewig und so findet sich unsere Hauptakteurin in den prunkvollen Hallen ihrer neuen Oberstufe wieder. Schnell packt sie der Ehrgeiz, und das Schachturnier lässt sie ins gleißenden Licht der Wichtigkeit erstrahlen. Ungestüm stürzt sie sich in einen Tropensturm voller Emotionen, dessen Verlauf ungewisser nicht sein könnte…

Patrick Hessami

Prolog

Ich wache auf am 30. November und hoffe wirklich, dass das alles nur ein Traum war. Ich fasse mir an die Rippen und spüre ein starkes Stechen. Ich versuche, tief Luft zu holen, aber ich kann nicht leicht atmen.

Woher sollte ich wissen, dass Marlon mich so derartig fertigmachen würde? Ich hatte nichts geplant, außer mit Martha wegzugehen. Ich suche mein Handy. Es liegt versteckt unter der Decke. Ich gehe die letzten Nachrichten durch. Ich scrolle in meinem Chatverlauf. Ich höre eines der letzten Memos an.

Ich lasse alles Revue passieren.

Ich hatte es echt nicht verdient, so behandelt zu werden. Von meinem „Freund", von dem ich schon immer wusste, er hat mehr Gesichter, als ich dachte.

Hatte ich mir das selbst zu verdanken?

War ich süchtig nach ihm?

Ich bin desorientiert. Ich sammle mich erst mal und schaue mich um, wo ich bin.

Nach November

Es war November. Ich hatte mich von Veto getrennt, einfach aus dem Grund, weil wir charaktertechnisch nicht zusammenpassten. Ich ging ziemlich gut mit der Trennung um. Mich traf das nicht wirklich und darüber nachgedacht habe ich auch nicht viel. Ich wollte Veto noch ein letztes Mal Tschüss sagen, aber wir beide wussten, dass es dazu nicht kommen würde. Wir waren fertig miteinander. Die Silvesterfeier war dieses Mal bei meiner Freundin Martha. Es war eine On-off-Beziehung gewesen, die niemand verstanden hatte, nicht mal ich selbst. Ich zählte die Monate nach der Trennung. Ich konnte mein Protokollieren nicht abschalten. Es machte mir großen Spaß, alles zusammenzufassen, was bei uns geschah. Hin und wieder dachte ich an ihn und bekam von anderen Freundinnen mit, dass er am Ende doch mit seiner „guten Freundin" Natasha zusammengekommen war, was mich nicht überraschte. Sie klammerte sich so sehr an ihn, bis er es am Ende zuließ …
Ich nahm in der 10. Klasse Spanisch als Wahlfach, was ein riesengroßer Fehler war. Als Abenteuer sah ich es noch dazu, mich bei einem Spanisch-Austausch zu bewerben. Nach ein paar Wochen Schule im Januar war es so weit: Vom 1. bis zum 6.

Februar würde ich in Madrid bei einem Jungen namens Julian Julien wohnen, ich weiß, was ein Name! Ich war aufgeregt und wusste, wer alles mitkommen würde. Meine Freundinnen, mit denen ich sehr gut auskam. Hannah und Isabel. Am Samstag kamen wir an und versammelten uns, um zu sehen, wer alles in den Europapark mit kommen wollte.

Ich sah zwei Mädchen, die ich noch nicht kannte, was ungewöhnlich war. Ich kannte jeden in der Schule und jemanden nicht zu erkennen, war merkwürdig. Die beiden Mädchen hießen Celma und Lauren.

Lauren war eher bodenständig und praktisch. Haare zusammengebunden und etwas kräftiger.

Celma dagegen 1,80 groß, sehr schlank und irgendwie seltsam. Sie machte keinen guten Eindruck, während des Austauschs redeten alle schlecht über sie. Ich bemerkte, dass sie alleine bei dem Austausch war, deshalb sprach ich mit ihr. Nach einer Weile sagte sie mir, ihr Bruder sei Nelson. Ich war überrascht, denn Nelson und ich gingen in die dieselbe Stufe. Ich hatte mit ihm ab und zu geredet, aber nicht intensiv. Ich war verwundert. Nach einer Weile wusste ich, sie waren wirklich verwandt, denn sie hatten viele Ähnlichkeiten. Ich bewunderte Nelson für seine

Art und Weise, aber hatte mich nicht getraut, mich enger mit ihm anzufreunden, da wir keine Gemeinsamkeiten hatten. Nelson sah gut aus, fast wie ein australischer Surferboy. Wild und abenteuerlich.

Ich erzählte Celma, wie sehr ich ihn für seinen Charakter bewunderte. Sie hatte das gar nicht kommen sehen. Niemand zuvor hat Nelson wegen seines Erscheinungsbilds gelobt. Er hatte keine engen Freunde, außer in der Schule ein paar Klassenkameraden. Er war viel zu sehr mit sich selbst beschäftigt. Wie dem auch sei. Celma hat sich sehr gefreut. Sie wollte versuchen, uns einander näherzubringen. Ich fand das eine echt gute Idee, denn ich wollte unbedingt enger mit Nelson befreundet sein.

Ich redete mit ihr über viele Dinge. Nichts Weltbewegendes, aber genug, um sicherzugehen, dass sie eine nette, sympathische Person war. Spanien war sehr anstrengend, dennoch eine der besten Erfahrungen.

Madrid war ziemlich zugebaut und ich hatte schnell die Orientierung in dem Wohnviertel verloren. Wir mussten bis spät abends immer unterwegs sein. Bekamen niemals vernünftiges Essen und die Jungs dort wollten nichts außer romantischer Liebe mit mir. Ich war ein Zielobjekt.

Ich verstand mich mit allen ziemlich gut, was die falsch verstanden haben. Mein Austauschpartner und ich hatten viele Konflikte miteinander. Das größte Problem war die Sprache. Ich nahm an, dass ich mit meinem Englisch gut zurechtkommen würde, aber sie sprachen kaum ein Wort. Nach ein paar Monaten Spanischunterricht konnte ich nicht davon ausgehen, dass ich fließend Spanisch sprechen konnte. Sie konnten uns einfach nicht verstehen, was die Sache so unheimlich schwer machte. Am Ende ignorierte ich meinen Partner, und wir schwiegen uns für zwei Tage an. Ich war unzufrieden mit der gesamten Situation.

Kein vernünftiges Essen. Zimmer mit drei Quadratmetern. Weg von meiner Familie und keine Kommunikation. Ich hatte mit meiner Mutter jeden Tag Facetime, um mich aufzuheitern. Ich gebe zu, ich wirkte ein wenig verzogen, aber ich konnte es nicht zurückhalten. Wir wollten am letzten Tag eine kleine „Fiesta" veranstalten. Wer hätte gedacht, dass das nach hinten losgehen würde? Isabel, Hannah und ich machten uns hübsch, freuten uns, endlich ein Treffen mit allen geplant zu haben.

Nein. Einfach nein. Wir liefen los, sammelten die anderen mit ein und standen um 21 Uhr abends am Straßenrand von San Sebastián. Drei Kubaner mit Alkohol in den Hosentaschen. Das war die Fiesta, die geplant war. Mein Partner sagte zu mir und Isabel: „Wir gehen nach Hause, diese Jungs sind gefährlich."

Ich hatte nur schlechte Laune von den ganzen Missverständnissen. Am letzten Tag, ein paar Stunden vor der Abreise, hatten die Lehrer für uns ein gemeinsames Frühstück geplant. Wir brachten alle etwas mit und nahmen unsere Koffer mit. Julians Vater war so nett und brachte uns mit dem Auto.

Wir saßen zusammen und redeten miteinander. Natürlich verteilt. Eher gesagt, die Deutschen links und die Spanier rechts im Raum. Wir aßen die mitgebrachten Sachen und warteten auf den Bus. Ich riss mich am Ende noch mal zusammen und machte auf gute Laune, denn meine Attitüde war stimmungstötend. Ich mischte mich unter die Spanier und sagte mit meinem gebrochenen Spanisch, wie sehr ich die Zeit genoss. Ich wollte Madrid nicht mit dem Eindruck verlassen: „Die Serena war echt nur schlecht gelaunt."

Ich wollte nur noch weg. Auf dem Austausch wollten vier oder fünf Jungs mit mir eine „mini relation" anfangen. Ich lehnte natürlich ab. Was sollte ich denn damit anfangen? Sie wollten nichts – naja, das Eine wollten sie schon.

Die Schach-Szene

Ich saß im Oberstufenraum und war fast ohnmächtig. Nein, ich werde nicht bewusstlos auf dem Boden liegen, nur weil wir in Mathe einen Logarithmus-Test schreiben werden. Ich schlug mein Heft zu und versuchte, in dem Test zu improvisieren. Ich stand auf und sah einen Jungen aus der Oberstufe mit einem Mädchen Schach spielen. Ich lief zu ihnen, fing an zu erklären, wie gut meine Elo-Zahl ist. Nur nebenbei: Die Elo-Zahl ist eine Wertungszahl, die die Spielstärke von Schachspielern beschreibt. Ich wusste nicht, dass er ein ziemlich guter Spieler war, dann erkannte ich ihn. Es war Konstantin. Auch er erkannte mich wieder und war überrascht. Er fragte mich, wie lange es her sei, dass wir uns das letzte Mal gesehen hatten.

„Es sind vier Jahre vergangen, eine lange Zeit. Wie bist du an unsere Schule gekommen?"
„Nun ja, an meiner alten Schule gibt es leider keine Oberstufe, deshalb musste ich mir eine andere Schule aussuchen, und diese Schule hat mich angenommen."
„Dein Ernst? Ich freue mich für dich. Schicksal, dass wir uns wieder begegnen.

Aha, ich sehe, dass du Schach spielst. Du musst wissen, ich bin unbesiegbar."
„Ach ja? Ich muss dich testen. Komm, setz dich hin, wir spielen eine Partie."

Die Partie endete im Remis, also unentschieden. Ich, etwas eingeschüchtert, wollte ihm beweisen, dass ich es echt drauf hatte. Das Mädchen an der Seite, das zugeschaut hatte, war beeindruckt von meiner Spielweise. Ich erzählte ihnen, warum ich überhaupt Schach spielen konnte. Nicht jeder nahm an, ich sei gut darin oder dass ich es in seinen wildesten Fantasien tatsächlich spielen konnte. Mein Vater zwang mich mit vier Jahren, die Figuren auswendig zu lernen. Danach folgte das Spielen.
Ich weigerte mich jedes Mal, nichtsdestotrotz beherrschte ich Schach irgendwann. Weiterhin hatte ich ab und zu mal versucht, es zu mögen, aber ich hatte einfach keine Motivation. Als die Pause zu Ende war und mein Test näher rückte, fragte mich Konstantin, ob ich mit in die Schach-AG kommen wollte.
„Ja, gerne, ich komme nach der Schule."
Ich hatte letztendlich den Test komplett verhauen, aber ich freute mich zu sehr auf die AG, von daher war das keine große Sache. Wir haben danach auch

den Test wiederholt, weil der Durchschnitt bei 4,3 Punkten lag. Nach der Klingel verließ ich sofort den Klassenraum und wartete vor der Tür mit ein paar anderen Leuten. Ich kannte nur Konstantin und seine gute Freundin Melissa. Wir standen alle und frech, wie ich war, sprach ich einen Jungen an, der eher merkwürdig aussah. Braune Haare, 1,80 groß und grüne Augen.

„Was suchst du hier?"

Er darauf: „Ich warte auf den Leiter."

Oleg war unser Leiter, ein Mathestudent im dritten Semester.

Ich fragte frech weiter diesen kuriosen Jungen, welche Leistungskurse er hatte. Mathe und Physik. Er fragte nicht nach mir, deswegen beantwortete ich seine nicht gestellte Frage. Englisch, Kunst.

Er disste mich direkt, wie eigentlich jeder.

„Kunst Leistungskurs? Ihr arbeitet nicht wirklich. Ihr interpretiert nur Bilder und zeichnet Skizzen, die nicht mal gut zu erkennen sind." Ich war erstaunt über die Antwort. Wie selbstbewusst er mit mir umging. Ich war teilweise begeistert, teils unheimlich sauer.

Ich versuchte, mich zu beherrschen, um nicht unhöflich zu wirken.

Das ging nach hinten los.

21. Februar

Ich trat in den Raum ein, und alle bauten die Schachbretter auf. Ich sah bekannte Gesichter. Manche Jungs aus meiner Stufe und einen, den ich nicht erkannte. Jemand fragte mich, was ich hier in der AG zu suchen hätte. Ich erwiderte mit einem: „Ich kann anscheinend sehr gut Schach spielen und würde gerne hier mitmachen."

Er wunderte sich. Dieser „Jemand" war der Schachleiter, und er war sehr überrascht von meiner Art des Auftretens. Oleg war sein Name, Mathematikstudent. Er war sehr beschäftigt unter der Woche, denn er spielte professionell Schach in einem Schachverein, seit er elf Jahre alt war.

Er wollte mich testen. Er baute eine neue Partie auf. Ich, ganz nervös, versuchte, mein Bestes zu geben, und sagte schon von vornherein, dass ich sehr lange nicht gespielt hätte, um seine Erwartungen nicht unnötig hochzuschrauben.

Wir einigten uns auf ein Unentschieden, aber sein Feedback auf mein Spielen war erstaunlich lobenswert. Ich bräuchte nur ein wenig Training.

Ich blieb bis zum Ende und tauschte mich mit anderen Spielern darüber aus, wie lange sie schon hier seien, ob es ihnen Spaß mache. Ich fragte den Typen, warum er so merkwürdig drauf sei.

Er meinte: „Ich habe ab und zu immer komische Tage, wo ich mich verhalte, wie ich will, und meine Art und Weise nicht verstelle." Ich war erstaunt über sein Selbstbewusstsein. Irritiert, aber überrascht, wie selbstbewusst er war. Ich spielte gegen meinen Kumpel eine Partie und gewann mit Mühe. Nach einer Weile setzte ich mich zu diesem kuriosen Typen und wollte mehr wissen.

Sein Vater kam aus Vendsyssel, Dänemark, und die Mutter aus Frankfurt. Ich fragte weiter, wie sich seine Eltern kennengelernt hatten. Sie hätten sich in einem Kaufhaus zufällig gesehen und nach und nach ineinander verliebt.

Der Vater stammte aus Dänemark, aber seine Vorfahren waren Deutsche.

Ich war sehr interessiert an seiner „Geschichte".

Seinen Namen wusste ich immer noch nicht und im Laufe des Gesprächs zu fragen wäre mir peinlich gewesen.

Die Schulklingel läutete und alle mussten wieder in den Unterricht. Ich verabschiedete mich von der AG, wusste innerlich, ich würde eine längere Zeit hier mitmachen.

Close-up

Im Nachhinein erfuhr ich: Sein Name war Marlon Geørg, er war 17 Jahre alt und single. Seinen Namen hatte ich schon mal gehört, persönlich hatte ich ihn das erste Mal in der Schach-AG gesehen. Obwohl er sehr frech rüberkam, reizte mich seine Art. Ihn konnte man nicht vergessen.
Ich versuchte, mich immer wieder auf das Spielen zu konzentrieren, aber er kam mit blöden Kommentaren an wie: „Serena, du denkst einfach nicht nach, welchen Zug du nimmst. Das ist doch völliger Schwachsinn, die Dame auf e5 zu setzen." Am Anfang ließ ich die Kommentare zu, aber nachdem ich mit meinen „unbedachten Zügen" doch gegen Konstantin gewonnen hatte, prahlte ich vor ihm. Während wir eine Partie spielten, erzählte ich ihm unnötige Fakten über das Seilspringen, um ihn abzulenken, was auch gut funktionierte. Ich ging zweimal die Woche in die AG, um mich auf das Turnier vorzubereiten. Ich verbesserte mich. Mein Leiter Oleg war auch zufrieden mit meiner Leistung. Ich konnte nur mit meiner Leistung bei Oleg und Marlon punkten, deswegen versuchte ich, in jeder Partie mein Bestes zu geben. Montag und Freitag ab 13 Uhr in der AG. Ich sah Marlon auch außerhalb der Schule.

Ich sah ihn einmal auf dem Schulhof und ging auf ihn zu. Er saß auf den Treppen und hatte einen merkwürdigen Gegenstand in seiner Hand.
Ich: „Alleine hier? Und was ist das in deiner Hand?"
Marlon: „Warte auf meine Freunde im Mathe-LK und das ist mein Nokia-Handy."
Ich: „Das ist dein Handy?! Warum nicht updaten?"
Marlon: „Das Ding hält alles aus, selbst die Waschmaschine."
Ich: „Naja … das heißt, du hast kein Smartphone?"
Marlon: „Ich habe einen iPod Touch. Damit benutze ich Snapchat, Quizduell oder iMessage."
Ich: „Ach so, ich werde in die Bäckerei gehen und danach zur Bank. Willst du mitkommen?"
Marlon: „Kann ich machen, habe sowieso keine Geduld mehr, bis die rausgelassen werden."

Wir fingen an zu laufen und kurz danach begann die Pause. Auf dem Weg sahen wir einen alten Kumpel von Marlon.
Josh war früher auf derselben Grundschule wie Marlon gewesen, aber nach der vierten Klasse gingen sie auf verschiedene Gymnasien, bis Marlon auf unsere Schule wechselt. Josh war für ein Auslandsjahr in Kalifornien gewesen, aber Ende Februar wieder zurückgekehrt.

Wir liefen gemeinsam zur Bäckerei, bis Marlon sich auf halber Strecke entschied, mit seinen Mathe-LK-Freunden wegzugehen. Ich hatte nichts dagegen und ging nach der Pause wieder in den Unterricht.
Um ehrlich zu sein, fand ich Marlon nicht wirklich abstoßend wie am Anfang. Er hatte was, was ich eigentlich nicht so verkehrt fand. Ich hatte mit Veto und Viktor abgeschlossen. Ich dachte keine Sekunde an die beiden. Das letzte Mal, als ich den Doppelgänger von Viktor in Madrid gefunden hatte, schrieb ich ihn an, um das zu sagen, aber weiter schrieben wir nicht miteinander. Meines Erachtens fand ich die Situation auch viel zu dramatisch und ich wollte nichts mehr von denen hören. Natürlich sah ich die Leute auf dem Schulhof, aber wir ignorierten uns. So war es besser. So tun, als wäre nichts gewesen. Wie ich mich kenne, hatte ich ein anderes Projekt im Auge. Was heißt schon Projekt …

Nachdem ich Marlon öfter mit Mädchen auf dem Schulhof gesehen hatte, wollte ich mit denen mitmischen. Es wunderte mich schon, warum er immer wieder mit denselben Mädels abhing.

Eine Blonde, eher Mollige namens Tallia.
Eine Brünette, die ich schon mal gesehen hatte auf Leons Hausparty, namens Selina.
Ein unscheinbares brünettes Mädchen namens Claire.
Immer sah ich die vier zusammen, mal zu zweit, mal mit anderen LKs.
Meine Neugierde zwang mich, ihn auf Facebook zu suchen.
Name: Marlon Geørg.
Alter: 17.
Sternzeichen: Krebs.
Profilbild-Likes: 15-25.
Fotos: zu viele vorhanden.
Ich sah mir seine Fotos an. Er war ein Jahr lang in Vendsyssel bei seinem Vater gewesen. Unzählige Abschlussbilder von seiner damaligen guten Freundin. Seine Familie wirkte sehr sympathisch. So viele Bilder auf Facebook zu posten, brauchte Mut. Ich ging auf seine Chronik und fand Fotos von Tallia, Claire und Selina. Im Mathe-LK hatten sie vor mehreren Monaten eine Exkursion nach Heidelberg für ein paar Seminare gemacht. Gespannt ging ich auf die Chronik der Mädels. Ganz ok. Waren jetzt keine „Chayas“ oder Streberinnen. Sie waren fast gar nicht geschminkt und sich hübsch zu machen für die Schule war

auch nicht deren Style. Ich war beruhigt, dass die nicht so hochnäsig waren.
Selina machte einen guten Eindruck. Man wäre gern mit ihr befreundet. Sie war albern, teilweise kindisch, aber auch durchaus klug. Eine komische Mischung. Sie war etwas kleiner, hatte einen „Hippie-Style“ und arbeitete seit Kurzem im Kindergarten.
Tallia war von ihrer Art her merkwürdig. Braune Augen, 1,78 groß und sehr präsent. Ich hatte das Gefühl, dass sie sich in der Gruppe aufdrängte. Sie wollte immer dabei sein, obwohl man auch ohne sie auskam. Auf dem Schulhof stand sie immer an der Seite oder hing auch mit anderen Leuten ab, weil Marlon viel zu beschäftigt mit Claire oder jemand anderem war. Trotzdem immer anwesend. Man kennt die Leute nur zu gut, die keine Signale erhalten können in dem Sinne: „Ich habe da eine lustige Geschichte zu erzählen …“, wo man sich denkt: „Eigentlich will sie keiner hören, wenn du nicht in paar Sätzen zum Punkt kommst.“ Die Leute, die sich in Gespräche reindrängen. Sie war ganz nett, aber passte nicht zu mir.
Claire, schüchtern und großen Kulleraugen, war auch im Ausland gewesen, in Südafrika.
Nach dem Motto: neue Menschen, neue Kultur und so weiter.

Diese Art von Menschen störte mich nicht so sehr. Wie gesagt war ich beruhigt von den Mädchen. Ich wollte mich aber nicht weiterhin damit beschäftigen, weil ich Klausurenphase hatte. Englisch, Deutsch und Mathe waren an der Reihe. Ich kam in allen Fächern mit 10 Punkten weg. Zum Glück kamen die Klausuren vor dem Turnier dran, denn konnte ich mich völlig auf Schach konzentrieren.

Seine Geschichte

Es war der 24. März 2014. Nach der Schach-AG packten wir alle Schachfiguren und -bretter ein und liefen zur Tür raus. Ich war absichtlich langsam, damit ich mehr Zeit mit Marlon verbringen konnte. Als wir auf dem Schulhof standen, sagte ich, dass ich nach Hause laufen würde. Er lief in die gleiche Richtung, denn er wollte Schuhe kaufen gehen mit seiner damaligen besten Grundschulfreundin. Schon wieder ein Mädchenname. Wir liefen den Nachhauseweg und ich versuchte herauszubekommen, ob er vielleicht mit jemandem was am Laufen hatte. Er war so gutaussehend und attraktiv. Ich hätte davon ausgehen können, dass er mehreren Mädels das Herz gebrochen hatte, weil er sich für keines entscheiden konnte. Er rief seine Freundin an, aber sie ging nicht an ihr Telefon. Da er keinen Plan hatte, was er in der Zeit machen sollte, schlug ich vor, dass wir zu mir nach Hause gehen könnten, während er auf den Rückruf seiner Freundin wartete. Ihr Zuhause war direkt nebenan.

Ich war fast unterkühlt und überhitzt gleichzeitig. Ich war nervös, wie er mein Wohnzimmer finden würde, die Einrichtung. Unser Haus war, einfach ausgedrückt, komplett weiß.

Boden weiß.
Wand weiß.
Sofa weiß.
Kissen weiß.
Esstisch weiß.
Alles.
Meine Mutter wollte es so nach dem ganzen Chaos in anderen Wohnungen, wo wir uns für keine einheitliche Farbe hatten entscheiden können, deswegen war Weiß die neue Farbe für Mama.
Marlon kam herein und war als Erstes ein wenig schockiert.
Er sagte: „Ihr habt es schön hier, alles so weiß …"
Ich: „Ich weiß, Mama wollte es perfekt eingerichtet haben, da wir drei Jahre an diesem Neubauhaus herumgebastelt haben, war ihr einziger Wunsch die Farbe Weiß." Er sah sich um, war ein wenig perplex. Er saß auf dem Sessel quer neben mir. Ich fragte ihn weiter aus über seine Biografie.
Er erzählte mir, dass er in Dänemark für ein Jahr zur Schule gegangen war, um seinem Vater näher zu sein, denn er wohnte dort, seine Mutter hier in Deutschland. Es hatte ihm viel Spaß gemacht, neue Freunde kennenzulernen, seiner dänischen Kultur ein wenig näherzukommen.
Wir redeten über unsere gemeinsame Mathelehrerin, die wir echt nicht ausstehen konnten. Ihre pingelige

Art, alles ordentlich mitzuschreiben. Alles nach Struktur, Zahlen genauestens in die Kästchen zu schreiben, fast wie Deutschunterricht.
Ich versuchte nachzuhaken, was es mit seinen Freundinnen auf sich hatte. Ich fragte nach, ob er mit einer von ihnen etwas habe. Er antwortete stets mit Nein. Ich wollte nur wirklich sichergehen, um keine falschen Hoffnungen zu machen.
Er sprach von seiner kleinen Schwester. Seine Mutter war getrennt von seinem Vater und nach der Trennung lebten Marlon, seine Schwester und seine Mutter allein in Deutschland. Nach einer Weile zogen sie mit dem Freund seiner Mutter zusammen. Marlon erwähnte seine Schwester nicht, aber als er über sie sprach, war ich überrascht. Sehr neugierig war ich aber schon immer, ich konnte nicht dagegen ankämpfen. Marlon erzählte nie über etwas persönliches von sich. Auch nicht von der Trennung seiner Eltern. Er meinte, es habe ihn hart getroffen, dass seine Eltern auf zwei Länder verteilt waren.
Das war nicht üblich. In den Sommerferien verbrachte er sechs Wochen in Dänemark und die restlichen Monate in Deutschland, so sei das schon immer gewesen.
Seine Verwandten wohnten auch in Dänemark, seine Onkels, Tanten, Großeltern …

„Ich kenne das nicht anders, schon als ich sechs war, pendelte ich von Dänemark nach Deutschland. Mich hätte es auch schlimmer treffen können." Ich hakte nicht mehr weiter nach, da ich merkte, er wollte nicht mehr darüber reden.
Sarah, seine kleine Schwester, war fünf und würde bald eingeschult werden. Eine Person in Marlons Leben, die ich unbedingt kennenlernen wollte. Das brauchte noch Zeit …

Ich holte das iPad und ging auf seine Facebook-Chronik. Auf den Facebook-Bildern sah ich ein Abschlussbild von seiner Stufe. Ich sprach ihn darauf an. „Das auf dem Bild war eine meiner guten Freundinnen, ich hatte niemanden für den Abschlussball, deswegen fragte ich sie und sie mich." Ich war beruhigt.
Das Bild sah auch wirklich gestellt aus. Sein Arm um sie, als wäre er gezwungen, sie zu begleiten. Absolut keine Chemie zwischen den beiden. Ich zeigte ihm Weiteres aus seiner Chronik, um darüber aufgeklärt zu werden.
„Du warst in einer Mathe-AG?", fragte ich überrascht. Auf dem Bild posierte er mit den anderen Jungs in einem T-Shirt, auf dem stand: „Math rules".

„Ja Serena, so abwegig ist das ja nicht, mein Herz schlägt für die Mathematik, ich war sogar auf Mathe-Wettkämpfen und habe gute Plätze belegt. Es ist nicht so, dass ich matheverrückt bin, aber ich mag es."

Ich darauf: „Ich habe eine ‚leichte' Mathe-Allergie."

Die Zeit verging so schnell und ich hoffte, dass er nicht auf die Uhr schauen würde. Es war fast 17 Uhr.

„Ich muss bald los, Serena."

„Ja klar, musst ja noch Schuhe kaufen gehen."

Nach einer Weile kam meine Mutter von der Arbeit nach Hause. Sie begrüßten sich gegenseitig, dann ging er zur Tür raus. Er hatte so schöne grüne Augen und einen Dreitagebart. Graues T-Shirt mit einfacher Jeans. Die Erkennungsmarke von seinem Vater trug er immer um den Hals. Er war so einfach gekleidet und doch so attraktiv. Er war absolut kein Macho, er wusste auch nicht, wie gut er aussah. Ich verabschiedete ihn und er lief hinaus. Ich blieb noch für einen kurzen Moment an der Haustür und hoffte, dass er zurückblicken würde. Drei, zwei, eins, und er tat das auch und lächelte mich an.

„Bis dann, Serena."

„Bis dann, Marlon."

Mein Herz raste unkontrollierbar.

Turnier im Nirwana

Ich wachte auf am 26. März, an dem Tag, auf den ich mich am meisten gefreut hatte.
Ich stand früher auf, obwohl wir uns erst um 9 Uhr am Haupteingang treffen mussten. Ich machte mir leichte lockige Wellen, schminkte mich etwas mehr als sonst und entschied mich für einen knalligen, neonroten Pulli mit einer blauen Jeanshose.
Am Eingang warteten fast alle anderen schon. Oleg, Konstantin und die anderen Mädchen aus meinem Team waren da. Wer verspätete sich? Marlon.
Er war noch nicht volljährig, deswegen musste er die Erlaubnis zur Teilnahme am Schachturnier von seiner Mutter unterschreiben lassen. Er kam mit einer Regenjacke, völlig gehetzt, mit dem Papier in der ausgestreckten Hand zur Tür herein, mit einer Glatze. Genau, er hatte sich die Haare geschoren. Ich war zuerst geschockt, aber es stand ihm sehr gut. Er sah wie ein Soldat aus mit seiner Erkennungsmarke. Ich mochte seine Haare davor, aber jetzt, wo sie weg waren, wirkte er noch attraktiver als zuvor. Ich glaube, ich war ab der Sekunde leicht verknallt in ihn. Was soll ich sagen? Er sah auf einmal ganz anders aus.

Unser Van wartete schon auf uns, denn dorthin, wo das Turnier war, brauchten wir zwei Stunden. Bis heute weiß ich nicht, wo es stattfand, irgendwo im Nirgendwo. Es war an einer Schule mit einer riesengroßen Aula.

Wir kamen an und über 80 Tische, mehr als 100 Schachbretter waren bereitgestellt. Die Schüler aus anderen Schulen übten schon. Wir gingen an unseren Stand, wo wir fünf Partien spielen würden. Hauptsächlich mit Gleichaltrigen. Es war bald 12 Uhr und der Bürgermeister hielt eine kurze Rede, bevor die erste Partie begann.

Ich war total nervös und machte den ersten Zug. Ich versuchte, meine Gegenspielerin mit dubiosen Zügen abzulenken, die unbedacht schienen, aber ich hatte eine Strategie im Kopf. In ein paar Zügen setzte ich sie matt. Ich blickte nach rechts und sah Oleg, wie er mir zusah und bestätigte, dass ich jetzt meinen Zug machen musste. Das Brett war leergeräumt und meine Gegenspielerin hatte nur ein paar Bauern an falsche Stellen gesetzt.

Sie hatte nur noch den König. Meine Dame auf h8 und mein Turm auf g7. Treppenmatt und ich gewann. Ich lief zu Oleg, um Bescheid zu geben. Alle waren schon fertig. Marlon hatte die erste Partie in acht Zügen gewonnen, Konstantin hatte sich mit seinem Gegner auf Remis geeinigt und unsere andere Mitspielerin Katrin hatte ihre Gegnerin patt gesetzt. In der Pause versammelten wir uns und tauschten uns über die Runden aus. Welche Strategie zu benutzen war, oder wie man sich verhalten musste, wenn der Gegner einen angreift.

Ich bekam von den Jungs viel Aufmerksamkeit auf dem Turnier, denn welches Mädchen spielt schon Schach? Ich hatte Freude daran. Ich hing die meiste Zeit mit Marlon ab. Er erzählte mir, dass er in der Osterferien nach München fahren wird, mit seinen Freundinnen aus dem LK. Mit Selina und Vanessa.

Ein neuer Name.

Ich kannte Vanessa durchaus. Sie war die Schwester von einem Mädchen aus meiner alten Klasse. Ich verstand mich nicht so gut mit ihr, sie provozierte mich immer wieder mit irgendeinem Blödsinn. Ich war ein wenig eifersüchtig, obwohl ich keinen Grund hatte. Eine Woche München mit zwei Mädchen. Ich wusste nicht, was ich denken sollte. Ich mochte ihn, wegen seiner Arroganz, seiner Klugheit und seines Aussehens. Er trug ein einfaches T-Shirt mit einem lustigen Cartoon. Jeans und Chucks. Kahl geschoren und nett, wenn er die Person länger kannte. Ich ging auf ihn zu und redete über unsere Mathelehrerin. Er habe am

nächsten Tag eine Klausur zu schreiben, aber lernen werde er dafür nicht.
Ich bewunderte sein Wissen über die Mathematik. Ich selbst hatte eine Allergie gegenüber dem Thema Wissenschaft, aber Jungs, die ohne zu lernen einfach 13 Punkte in einer Klausur schreiben können, das fand ich krass. Ich fragte ihn, ob er momentan vergeben sei, nur um sicherzugehen.
Er antwortete darauf: „Ich hatte bis jetzt noch keine Freundin."
Ich hakte nach: „Aber was hältst du von Selina oder Tallia?"
„Bist du verrückt?! Niemals, ich hänge nur mit denen ab, als Freunde. Mehr nicht."
Ich war erstaunt, wie abstoßend er den Gedanken fand. Da verstand ich, dass Marlon sie wirklich nur als gute Freundinnen sah.
Runde zwei, Runde drei, ich hatte bis jetzt noch nicht verloren. Oleg war stolz auf mich. Nach und nach bemerkte ich, wie passend Schach für mich war. Es ging nur um Vorausdenken und Strategie. Einer meiner Lieblingspunkte. Konstantin und Marlon waren schon fertig und gewannen alle Partien. Es sah echt gut für uns aus. Oleg führte Protokoll. Nur noch ein Sieg und wir würden den zweiten Platz von ganz Hessen belegen. Für den

Anfang nicht schlecht, denn ich hatte nur ein paar Wochen Vorbereitungszeit gehabt. Ich ging zu Marlon und fragte ihn, ob ich „Schäfermatt“ ausprobieren sollte. Schäfermatt kann man in sieben Zügen gewinnen, doch darf der Gegner nicht schlau genug sein, um die Strategie zu erkennen. Er meinte: „Wenn du sicher bei der Sache bist, solltest du es ausprobieren.“
Ich versuchte Schäfermatt und es gelang mir, bei dem letzten Sieg den zweiten Platz ganz Hessen zu belegen. Ich war überwältigt. Ich sah Marlon draußen auf der Dachterrasse, nur im T-Shirt. Ich lief zu Marlon ohne meine Jacke; obwohl es März war, war es wirklich sehr kühl.
„Marlon, was machst du hier alleine?“
„Hey Serena, keine Ahnung, bisschen frische Luft schnappen. Wir haben noch eine Menge Zeit, bis sie die Pokale verteilen.“
„Ach so, ich bin sehr stolz auf mich, dass ich Oleg nicht enttäuscht habe. Ich hatte mir echt Mühe gegeben.“
Marlon: „Naja, es geht … Nicht Europasieger, aber für ganz Hessen ist es ordentlich.“
Ich blickte in seine tiefen grünen Augen und in einen Moment bemerkte er, wie ich ihn ansah.

Ich nahm seinen iPod und machte ein paar Fotos von uns. Er hielt mich nicht davon ab. Ich kam ihm ein Stück näher.
Ich hatte unheimliche Schmetterlinge in meinem Bauch. Ich war gleichzeitig nervös und verknallt?!
Ich hatte davor noch keine ernsthaften Gefühle für einen Jungen gehabt und jetzt auf einmal für einen Typen, der so aussah, als wäre er frisch von der dänischen Armee eingereist?
Warum zog es mich so sehr zu ihm hin? Meine Gedanken überschlugen sich, aber er sah mich noch einmal an, packte mich auf seinen Rücken und sagte: „So, wir gehen jetzt rein."
Halt.
Warte.
Nee?!
So hatte ich das nicht geplant. Dachte ich mir im Inneren.
Ich bewegte mich heftig und sagte laut, dass er mich loslassen sollte. Er hörte nicht auf mich und lief einfach weiter. War das taktlos von ihm!
Ich konnte mich von ihm befreien und stand nun vor ihm.
Drei, zwei, eins, Marlon küsste mich.
Ich fasste es nicht und sagte: „Wait a minute …?"
Er ließ mich nicht reden und küsste mich innig weiter, als hätte ich nichts zu melden. Oder als

wäre meine Meinung gar nicht gefragt. Ehrlich gesagt interessierte es mich auch nicht weiter und ich erwiderte den Kuss.

Der Pokal war nur noch Nebensache.

Ich war nicht mehr erreichbar, sondern im Orkan der Verknalltheit gefangen.

Die Rückfahrt ging schnell rum. Ich saß neben Marlon und niemand bemerkte auch nur ein kleines bisschen, dass zwischen uns etwas lief. Nach der Fahrt stiegen wir aus, alle waren verteilt und gingen nach Hause. Ich zögerte eine Weile und schlug Marlon schließlich vor, noch ein wenig spazieren zu gehen. Ich wollte mit ihm noch Zeit verbringen. Ich wollte herausbekommen, was es mit ihm auf sich hatte. Welche Gefühle er für mich empfand. Ob er mit mir zusammensein wollte. All diese Fragen, auf die ich keine Antwort hatte. Er begleitete mich nach Hause bis vor die Haustür und ich holte meinen Schlüssel raus. Marlon hatte eine wichtige Matheklausur am nächsten Tag.

… und die Spanier kamen

Ich hatte die Spanier komplett aus den Augen verloren. „Vergessen und es lag in der Schublade.“ Meine Mutter erinnerte mich am Abend, dass die Spanier am Donnerstag zu uns kommen würden.
„Ähm, das hatte ich völlig verdrängt.“
„Wir müssen sie auch vom Flughafen abholen, Serena, das schaffe ich nicht, gib Julian per Message Bescheid.“
Ich schrieb ihm eine Nachricht:
„I'm really sorry, but we can't pick you up from the airport.“
Geschrieben: 16:38 Uhr.
Wann waren die Spanier in das Flugzeug eingestiegen? Um 16:15 Uhr …
Soweit ich mitbekam, wurden fast alle vom Flughafen abgeholt und die restlichen kamen mit der Bahn. Wir holten Julian von der Schule aus ab. Ich entschuldigte mich sehr oft bei ihm, er sagte, es sei alles in Ordnung. Er war überwältigt von der Einrichtung und der Größe unseres Hauses. Dort in Madrid hatten sie es sehr beengt. Ich erzählte ihm alles, was wir vorhatten.
Am Freitag in der Schule im Unterricht mitmachen.
Samstag eine Wanderung in der Rhön.
Sonntag Freizeit.

Montag zusammen Abendessen gehen mit allen. Und am Dienstag mussten sie schon wieder gehen. Meine Mutter kochte für uns ein leckeres Abendmahl, Reis mit Kartoffelauflauf.
Ich zeigte ihm das Zimmer, in dem er schlafen würde, und sagte gute Nacht.
Ich war gedanklich nur bei Marlon. Bevor ich ihn kennengelernt hatte, war ich so aufgeregt über die Spanier, dass sie herkommen würden, aber jetzt war das nur Nebensache. Das bemerkte auch Julian.
Freitagmorgen versammelten sich alle in der Turnhalle, um gemeinsam Volleyball spielen. Celma war auch da. Sie wirkte immer sehr reserviert und wusste, dass wir sie nicht mögen. Sie und ein anderes Mädchen waren die Einzigen, die aus der 11. Klasse kamen.
Wir waren alle eine Stufe unter ihr. Sie und ihr Austauschpartner hatten nichts zum Reden. Ihre Haare waren zusammengebunden. Ihre Haut war blass, sie hatte dunkelbraune Haare und sie legte eine komische Haltung mir gegenüber an den Tag. Sie wollte mir etwas sagen, hatte ich das Gefühl. Ich wusste nicht, was ich machen sollte, aber für einen Moment waren die anderen Mädchen irgendwo anders versammelt und ich sah sie an: „Du willst mir was sagen…?"

„Serena, ich weiß, was du gemacht hast."
Ich war irritiert und fragte: „Was weißt du?"
„Das mit dir und Marlon. Er hat es mir gesagt, Serena."
„Okay, schön für dich, nur, ich weiß nicht, ob was draus wird …"
Celma deutete an: „Er braucht ein wenig Zeit."
„Ach so, ich hab ihn echt gern. Ich wusste nicht, dass ihr so eng miteinander seid. Ist das okay für dich, wenn vielleicht…?"
Celma: „Absolut, zwischen mir und Marlon läuft nichts. Wir sind nur Freunde. Er gibt mir manchmal Mathenachhilfe. Ich versichere dir, es ist in Ordnung."
Teilweise fand ich es nicht gut, dass sie von uns wusste. Ich hatte gedacht, Marlon müsste für die Matheklausur lernen, aber nachdem er bei mir gewesen war, war er wahrscheinlich bei Celma. Immer mittwochs war er bei ihr, wie ich später mitbekam. War ich ein wenig sauer? Natürlich hatte ich keinen Grund, sauer zu sein oder eifersüchtig, aber es war mir nicht egal. Hätte ich mir Gedanken machen sollen? Dafür war es noch zu früh.
Ich hatte eine Freistunde und die Pause fing bald an. Martha, meine beste Freundin aus dem Kunst-LK, hing mit anderen Freunden ab und ich sah

Marlon auf dem Schulhof. Niemand anders war in der Nähe. Ich lief zu ihm. Er lag auf der Bank in der Sonne und schlief. Ich weckte ihn.

„Du hast es Celma erzählt?"

„Ja, hab ich. Ist das schlimm? Ich musste es mit jemandem bereden. Ich konnte es nicht für mich behalten."

„Schön finde ich es nicht, behalte es lieber für dich, okay?"

Die Pause begann und ich ging zu meinen LK-Freunden.

Bevor wir am Samstag wandern gingen, hatten wir geplant, mit allen zusammen auf den Main-Tower zu gehen. Es war für März sehr warm. Nach dem ganzen Gedrängel in der Schlange kamen wir endlich oben an. Die Aussicht war wirklich schön und man konnte meine Gegend von da aus sehen. Ich hing ab und zu mit den Spaniern ab, mit Isabel und manchmal mit Celma.

Celma hatte Snapchat, ich noch nicht. Snapchat ist eine App, mit der man an Leute Bilder oder Videos verschicken kann für zehn Sekunden oder weniger, und danach verschwinden sie für immer. Ich nahm Celmas iPhone und verschickte Snaps. Einer ihrer Snapfreunde war Marlon. Ich schickte ihm auch ein Bild von der Aussicht mit Celma und mir.

Ich merkte mir, wie er auf Snapchat hieß, und am Abend machte ich mir noch einen Snapchat-Account. Die restlichen Tage sagte ich ab und blieb in der Schule. Ich hatte keine Lust mehr, mit den Spaniern unterwegs zu sein, denn die hatten auch ihre Ansprüche. Am letzten Tag gingen wir alle Abendessen in Sachsenhausen. Traditionelles deutsches Essen gab es. Ich hing wieder mit Celma ab, warum auch immer. Sie tat mir leid, da sie immer alleine war.

Offizielles Date

Ich konnte am Freitag nicht in die Schach-AG, weil ich bei Julian bleiben musste. Oleg, unser Leiter, versprach, uns ein Eis auszugeben, also gingen sie zur Eisdiele als Belohnung.

Marlon schrieb mir später, dass ich es verpasst hätte, aber er wolle mich einladen. War das ein Date? Ich freute mich und sagte Ja, und so verabredeten wir uns am 4. April, um 16 Uhr. Er hatte noch länger Unterricht, deshalb ging ich nach der Schach-AG nach Hause und er holte mich ab. Ich hatte mich nicht so schick angezogen, eher leger. Apricotfarbenes T-Shirt und eine Jeans. Meinen Pony trug ich zur Seite und die Haare geglättet.

Wir fuhren mit der Bahn in die Innenstadt zu Haägen-Dazs. Ich dachte mir, es sollte nichts Teures sein, aber auch kein Kiosk. Ich bestellte mir Vanilleeis und er Chocolate Fudge. Wir liefen hin und her. Über den Eisernen Steg und wieder zurück. Ich war am Anfang noch etwas nervös, aber nach einiger Zeit hatte sich das gelegt und ich hatte das Gefühl, ich würde mit einem guten Freund ausgehen, den ich mehr mag als nur mögen. Er begleitete mich nach Hause, um seinen Rucksack abzuholen. Ich fragte ihn, wo er wohne.

„Fünf Minuten von der Schule entfernt“, sagte Marlon.

„Ich komme mit“, erwiderte ich.

Wir kamen kurz rein ins Wohnzimmer, er holte sein Zeug ab und wir liefen Richtung Schule. Er wohnte im Altbau, Dachetage.

Es war schon kurz nach zehn. Ich musste eigentlich längst zu Hause sein, aber ich wollte nicht weg von ihm. Vor seinem Haus standen wir auf dem Bürgersteig. Eine Laterne war noch an und alles rund um uns war dunkel. Ich sah ihm in die Augen und er küsste mich. Seine grünen, naiven Augen, die im Licht funkelten, machten meine Beine zu Pudding.

„I am so into you“, sagte ich zu ihm. Er lachte mich an und küsste mich noch ein letztes Mal. Wir umarmten uns und ich verabschiedete mich. Er lief zur Haustür und ich blieb stehen, bis er reinging. Nach ein paar Minuten rannte ich los nach Hause, um die Schmetterlinge loszubekommen. Ich lief so schnell, bis ich keine Luft mehr bekam. Ich wollte ein reines Gewissen haben. Als ich mich ins Bett legte, versank ich in Sekunden in meinen Tiefschlaf. Ich war mir sicher, er war tief im Inneren auch verrückt nach mir, nur wusste er es noch nicht.

In der Schule sah ich ihn selten. In der Schach-AG sprachen wir nur förmlich miteinander, weil wir noch nicht wussten, was wir waren. Wir snappten uns einander sehr viel. Er hatte leider nur einen iPod Touch, deswegen hatte er nur WLAN und kein öffentliches Internet. Es waren keine interessanten Snaps, nur um Kontakt zu halten. Ich schlug vor, uns noch mal zu treffen. Nach der Schule könnten wir bei mir chillen. Am 12. April stand er hinter der Turnhalle mit seinem Herschel-Rucksack in einem grün gestreiften Shirt mit abgeranzten Jeans.

„So cute und sowas von mein Typ", sagte ich zu mir selbst. „Hey Serena, wie war dein Tag mit der Mathelehrerin?"

„Ich bin froh, dass ich es überlebt habe. Habe die Hausaufgaben gestern noch fertigbekommen, wenn nicht, hätte ich wahrscheinlich bis jetzt noch Bonusaufgaben machen müssen."

„Oh nein, tut mir echt leid für dich. Es ist ihr egal, ob du Grundkurs bist oder nicht. Hauptsache, du verstehst Mathe auf ihrem Niveau. Sonst bist du halt echt erledigt."

„Sag nicht sowas, ich kann Mathe einfach nicht aus Prinzip, auch wenn ich mir Mühe geben würde, ein Mathegenie könnte ich niemals werden."

„Serena, du wirst sie bis zum Abitur haben, also ich kann dir helfen, wenn du Mathenachhilfe brauchst."
„Echt lieb von dir, das bräuchte ich wirklich."
„Aber du musst wissen, ich bin auch nicht ein 15-Punkte-Mathe-LK-Pro. Die Grundlagen kann ich, aber in alles andere muss ich mich ein wenig einlesen."
Wir waren bei mir und ich zeigte ihm mein Zimmer. Ich hatte ein sehr kleines Zimmer, nur ein Bett, Schreibtisch und Kleiderschrank. Mein Boden war braun, aber alle Möbel waren weiß. Ich hatte eine kleine Terrasse, im Sommer saß ich immer mit meiner Freundin draußen. Ich schlug dieses Mal vor, mit ihm auch auf der Terrasse abzuhängen und Spotify-Musik zuhören.
Ich mag Indie-Pop, erzählte ich ihn, woraufhin er anfing zu lachen. „Serena, ich habe einen ganz anderen Musikgeschmack als du. Ich bin eher der Oldschool. Beatles, Pink Floyd oder auch Bring me the Horizon. Ich weiß, hättest du nicht erwartet, aber ich finde die auch ganz gut."
Meine Mutter hatte Pfannkuchen gemacht und wir aßen in der Küche. Wir hatten Barhocker, die waren echt gemütlich, wenn man nicht wirklich ein offizielles Dinner haben wollte, aber auch kein To-go-Essen.

Sie ließ uns allein und wir quatschten über alles. Hauptsächlich unsere Mathelehrerin. Die Zeit verging immer so schnell mit ihm.
Morgen würde er für eine Woche nach München fahren mit seinen Freundinnen Vanessa und Selina. Ich war eifersüchtig. Und ich wunderte mich auch, dass er mit Mädels wegfährt. Wir standen im Flur. Er sah mir in die Augen und wollte nicht weg. Er sagte nichts, zog seine Hundemarke aus und überreichte sie mir.
Ich war sprachlos.
Überrascht.
Ich fragte ihn: „Du bist dir sicher, dass du sie mir geben willst?"
„Ja, Serena, ich vertrau dir. Ich will, dass du etwas von mir hast, damit du mich nicht vergisst und du einen Grund mehr hast, mich wiederzusehen."
Es war herzzerreißend. Er verabschiedete sich.
„Bis dann, Marlon."
„See you, Serena."

Ich hörte nicht viel von Marlon, als er in München war. Nur ein paar Mal schickte er mir Snaps, aber er rief mich nicht an.
Sie waren im Museum, in der Innenstadt und in einem fancy Schokoladen-Store. Sie hatten echt viel Spaß. Ich wollte mich ablenken und nicht an

ihn denken. Ich wurde panisch, wenn ich daran dachte, dass er mit zwei Mädels allein in München war. Ich kannte ihn nicht und wusste nicht, wie er sich verhalten würde. Ich musste für Religion einen religiösen Film ansehen und beschreiben, wie nah die Geschichte an der Bibel dran ist. Der Film „Noah“ war in den Kinos und ich fragte meine Mutter, ob sie mitkommen wollte. Auf dem Hinweg zum Kino bekam ich ein Snap von Marlon. „Frohe Ostern“, mit Ostereiern im Hintergrund. Ich zeigte es meiner Mutter und sie fand es durchaus süß.

„Warum bist du nicht mit ihm ins Kino gegangen, Serena?“

„Ich weiß nicht, er hatte in den letzten Tagen keine Zeit, er war sowieso in München. Ich wollte ihn fragen, ob wir uns später treffen wollen, da er schon zurück ist.“

„Frag ihn jetzt, ob er Zeit hat, geh mit Marlon in die Stadt.“

Ich fragte ihn kurze Zeit später und er antwortete:

„Super, Serena! Lass uns in einer Stunde in Eschersheim treffen, dann können wir zu mir nach Hause später“, sagte Marlon.

Wir verabredeten uns; ich wusste nicht, was ich anziehen sollte. Weißes T-Shirt und Jeans. Ich wollte nicht aufgetakelt wirken.

Er war wie immer einfach angezogen und noch besser aussehend als zuvor. Ich gab ihm die Hundemarke zurück. Er wollte sie nicht, aber ich konnte das nicht annehmen. Es war die einzige Sache, die ihn an seinen Vater erinnerte. Wir liefen in die Richtung seines Hauses. Ich war total neugierig, wie seine Familie war.

Letzte Etage, ich war außer Puste. Die Wohnung war sehr eckig. Ein großer Flur, von dem aus alle Räume im Überblick zu sehen waren. Sein Zimmer war groß. Familienbilder an den Wänden, Schreibtisch und Kleiderschrank. Es sah nicht bewohnt aus. Sein Bücherregal war staubig und nicht aufgeräumt. Sein ganzes Schulzeug lag auf dem Boden. Er hatte nicht wirklich viel Respekt gegenüber Lernmaterial. Ich machte daraus kein Drama, überrascht hat es mich doch. Seine Mutter hatte lecker gekocht. Wir wollten gemeinsam essen.

Seine Mutter kam ins Wohnzimmer, begrüßte mich aber nicht. Groß und schlank, sie wirkte sehr kalt. Sie sah mir nicht in die Augen. Setzte sich hin und aß. Der Freund der Mutter fragte mich, wie es mir gehe und wie wir uns kennengelernt hätten. Die Stimmung am Tisch war angespannt. Ich versuchte, nicht zu viel zu reden, aber Marlon rettete die Situation und holte seine Schwester.

Blond und sehr intelligent. Sarah redete sehr gebildet und korrekt. Sie war schlicht angezogen. Sie hatte ein süßes Kinn. Genau wie die Mutter. Sie lispelte ein wenig, wollte unbedingt zeigen, wie viel sie weiß. Sarah sprang im Wohnzimmer herum, rechnete irgendwelche Zahlen im Kopf, als würde sie mir beweisen wollen, wie viel Wissen sie hat. Die Mutter, Henriette Geørg, war peinlich berührt. Sie sprach mit Marlon über den Sommer. Er würde jeden Sommer nach Dänemark fliegen, um seinen Vater zu sehen.

Henriette ignorierte mich komplett!

Sie schaute nicht einmal zu mir, um zu checken, wer ich überhaupt war! Ich wusste, sie hasste mich, oder war es die Tatsache, dass ich ihr Marlon wegnehmen würde? Keine Ahnung, ich wollte so schnell wie möglich weg von ihr.

Ich fragte Marlon, ob er mich nach Hause begleiten würde.

„Los, Serena, lass uns gehen."

Ohne zu zögern verstand er, ich fühlte mich nicht wohl. Ich wurde eiskalt ignoriert, unverschämt lief die Mutter aus dem Wohnzimmer und nahm Marlon mit in die Küche. Ich hörte ein Wispern:

„Wie lang bleibt Serena noch hier?"

Marlon antwortete: „Keine Ahnung, ich begleite sie noch nach Hause."

„Hier, nimm Wasser mit aufs Zimmer, damit ihr nicht verdurstet“, sagte Henriette.

Marlon kam wieder ins Wohnzimmer. Ich beschäftigte mich ein wenig mit Sarah, bis Marlon zu mir sagte: „Komm, ich bring dich nach Hause.“

Ich war echt froh, das Haus zu verlassen.

„Irgendwie kann ich nicht so gut mit Müttern. Vetos Mutter war genauso verklemmt wie die von Marlon. Ich frage mich nur, warum. Naja, wenn das so ist, dann bemühe ich mich nicht weiter, eine gute Bindung mit Henriette aufzubauen; unhöflich werde ich auch nicht sein“, ermutigte ich mich selbst. Der Weg nach Hause war angespannt. Ich packte meinen Schlüssel aus.

„Serena, du bist mir sehr wichtig, das weißt du.“

„Was sind wir? Wo stehen wir, Marlon?“

„Wir stehen auf dem Boden, soweit ich weiß.“

„Nicht lustig. Wenn du es weißt, gib mir Bescheid.“

Marlon zog mich an sich und küsste mich. Er ließ nicht los. Er wisperte:

„Serena, lass mich dein Boyfriend sein.“

Ich erwiderte nur sein Lächeln, was genauso viel bedeutete wie: „Du warst es doch schon längst, du brauchtest nur ein wenig Zeit.“

Wir standen kurz vor Mitternacht vor meiner Haustür. Ich, überglücklich, schaute ihn an und meine Beine waren Marshmallows. Ich konnte nicht fassen, wie schön er aussah. Er sah so rein aus. Fast wie ein Prinz mit Dreitagebart. Wie kann ein Typ mich so faszinieren? Klug, Schönling und hatte noch nie eine Freundin, was mich am meisten beruhigte.

Ich wollte seine erste Freundin sein.

Klingt arrogant, aber das waren die Bedingungen.

Neues Gesicht

Ein paar Tage später bekamen alle mit, dass wir jetzt ein Item waren. Wir hatten uns nicht in der Öffentlichkeit gezeigt, aber alle wussten davon. Die einzige Reaktion, die ich bekam: „Warum Marlon?"

Ich verstand nicht, warum es so komisch war, sich in ihn zu verlieben. Er war wirklich süß. Vielleicht sah ihn jeder als Kumpel oder als neutrale Person. In seinem Freundeskreis waren alle überrascht. Sie wollten mich näher kennenlernen. Als wäre ich ein Kunstobjekt in einer Vitrine. Sie hatten davor nur meinen Namen gekannt, weil sich die Sache mit Veto herumgesprochen hatte. Ich war ein beliebtes Thema in der Oberstufe. Niemand sonst hatte eine On-off-Beziehung oder irgendwas anderes in der Art, worüber die Leute reden konnten. Selina und Vanessa hatte ich schon kennengelernt, aber Tallia war am meisten neugierig, mit mir zu reden, zum einen weil sie keine richtigen Freunde hatte und zum anderen fand sie mich ziemlich hübsch. Was ich von Marlon gehört hatte. Mit Selina konnte ich gut reden, die Chemie stimmte bei uns. Vanessa hasste mich. Ihre Schwester war in meiner Klasse und sie mochte mich nicht.

Sie verbreitete Gerüchte über mich. Vanessa glaubte die Storys auch.
Lächerliche Storys wie: dass ich auf unseren Referendariatslehrer stehen und mich nur deshalb im PoWi-Unterricht beteiligen würde. Oder dass ich öfters im Unterricht schlafen würde, wenn der Lehrer mich von seinem Winkel aus nicht sah. Der größte Schwachsinn, dass ich angeblich meinen Hamster ermordet hätte; die Geschichte dahinter: Mein Hamster war schon fünf Jahre alt gewesen und eines natürlichen Todes gestorben. Das als Info. Gerüchte, bei denen man natürlich nicht positiv über mich denken kann. Vanessa vertraute ihren Quellen, deswegen würde ich nie einen guten Draht zu ihr haben.
Tallia war teils eifersüchtig auf uns als Paar. Sie selbst war noch nie in einer Beziehung gewesen. Sie stand lange Zeit auf Marlon, aber er hatte absolut kein Interesse gezeigt und lehnte sie total ab. Ich war die „Neue" im Kreis. Sie hatten sich nicht gefreut darüber, aber abgeneigt waren sie auch nicht. Dann gab es noch Celma im Bund. Ich wusste nie, ob sie wirklich dazugehörte. Alle nutzten sie nur aus, weil sie immer nett zu einem war.

Wenn es eine Freistunde gab, würden alle zu ihr wollen, um zu essen, zu chillen und Hausaufgaben abzuschreiben. Celma war nicht besonders hübsch oder intelligent. Sie war sehr passiv.
Sie hatte keine „echten" Freunde, deswegen nutzte sie die Situationen aus, damit sie beliebter wurde. Reine Freunde in dem Sinne: Man ist mit ihr befreundet, weil man eher nach Profit schaut als nach ihrem Charakter. Immer wieder hörte ich, wie Marlon mit den Mädels abhing. Sei es eine Freistunde oder Nachhilfe für Celma.
Immer wieder snappte ich ihm, um zu erfahren, wo er war. Er war selten zu Hause. Gewundert hat mich das nicht. Irritiert hat es mich schon. Als ich Snaps von Celma oder Vanessa bekam, war ich traurig, tat aber, als wäre nichts. Ich liebte ihn zu sehr, um meine wahren Gefühle auszudrücken. „Ich will nicht, dass du dich mit deinen weiblichen Freunden triffst!" Das würde nur für Streit sorgen. Sollte man sich Sorgen machen? Ich wollte keine hysterische Freundin sein, das ist der Anfang einer instabilen Beziehung. Ich sollte ihm vertrauen. Wir hatten uns in letzter Zeit sehr oft getroffen, fast jeden Tag. Wir aßen abends zusammen mit meiner Mutter und Lorenz, meinem Bruder. Wir lachten, wir hatten immer eine tolle Zeit zusammen.

Er mochte es, bei uns zu sein. Zu Hause fühlte er sich nicht wohl. Marlon war das fünfte Rad am Wagen in der Familie.
Konnte ich auch verstehen. Meine Mutter kochte sehr gerne. Immer warm und frisch zubereitet. Danach sehnte sich Marlon. Er hatte von seinem Zuhause nie wirklich Zuneigung oder warmes Essen bekommen.
Beide Elternteile waren berufstätig. Wie dem auch sei, ich wollte ihn bei mir haben, damit er nicht zu Celma, Vanessa oder irgendwo anders hinging. Ich wollte ihm das Gefühl geben, dass er immer bei mir willkommen war. Ich war seine Freundin und nicht die anderen. Meine Gedanken waren immer bei der Frage, ob die Freundinnen mehr von ihm wollten, als einen Aufpasser zu haben. Jeden Mittwoch gingen Marlon und Celma zusammen joggen, für den Sporttest.
Ich bezweifelte, ob das wirklich für einen Test war. Immerhin war Marlon bei mir und Celma rief ihn an: „Hey, wann sehen wir uns?"
„Ich bin noch gerade bei Serena zu Hause, ich bin in 15 Minuten da."
Ich fand das gar nicht schlimm. Ich freute mich, dass Celma einen Partner hatte zum Trainieren. Wusste auch gar nicht, warum ich negativ denken sollte. Er war weg und ich machte mich an meine

Hausaufgaben. Ich wollte nicht der Routine im Weg stehen…

Sie waren lange miteinander befreundet, ich als „neue“ Freundin wollte nicht tussig rüberkommen. Das Letzte, was man will, ist, eine nervige Freundin zu sein, worüber sich der Freund im Nachhinein bei anderen Leuten beschwert. Das ist der Fehler, den alle anderen Freundinnen machen. Er verspottete Celma sehr.

Er zog immer über sie her. Sei es darüber, wie sie sich kleidete, oder über ihr Aussehen. Sie war nicht stilbewusst und konnte sich auch nicht schminken. Celma versuchte, sich immer niedlich zu kleiden. Blümchen-Motive, rosa oder mädchenhafte Kleider, bei denen ihre Beine zur Geltung kamen. Bis heute frage ich mich, warum sie das tat. Manchmal wundere ich mich, warum Marlon überhaupt mit denen abhing. Wahrscheinlich fühlte er sich nirgendwo wohl bei den Jungs. Entweder gab es Raucher oder Kiffer an unserer Schule. Er machte keins von beidem. Innerlich zog ich über diese Mädels immer her. Seien es Vanessa, Celma, Tallia oder Selina. Ich war nicht eins mit denen. Wir waren einfach verschieden.

Sie waren von mir begeistert, denn ich war immer geschminkt und gut gekleidet. Sie wollten wissen, woher ich meine Sachen hatte. Dior-, Chanel- oder

Yves-Saint-Laurent Lippenstifte waren meine Trademarks.
Ich hatte diese Lippenstifte überall bei mir. Ich liebte es, Make-up zu tragen und mich immer hübsch zu machen. Alle in der Schule nahmen mich unters Mikroskop. Ich konnte niemals dieselben Klamotten nacheinander tragen. Irgendwie hatte jeder seine Meinung von mir. Vielleicht weil ich auffiel, ohne eingebildet rüberzukommen. Ich musste gut aussehen. Marlon mochte das sehr an mir. Ich, Serena, war seine Vorzeigefreundin, wie eine Freundin eben sein sollte.

Reza aus dem Nichts

Es war Anfang Juni. Ich hatte alle meine Klausuren geschrieben. Die Schach-AG besuchte ich zweimal in der Woche, aber mein Fokus lag nur auf Marlon. Ich dachte ständig an ihn. Wenn wir zusammen waren, starrten wir uns an und dachten an dieselben Dinge.
Wir hatten gemeinsame Interessen wie 9Gag und Serien. Er war nicht besonders witzig, aber er verstand mich.
„Er ist so verliebt in mich. Er gehört nur mir!“, dachte ich im positiven Sinne.

Es gab viele Veranstaltungen für die Oberstufe, die ich nicht besuchen konnte. Ich konnte nicht kontrollieren, wo er war. Ich wollte so gern dabei sein in der Clique. Danach redeten sie über die Feiern, bei denen ich nicht dabei gewesen war. Ich langweilte mich ab und zu. Im Religionsunterricht fiel mein Blick einmal nach draußen auf den Hof. Ich sah einen Jungen, der sich gerade mit einem Lehrer anlegte.
Meine Aufmerksamkeit war geweckt. Ich sah ihn. Diesen merkwürdigen Jungen. Er stand direkt am Fenster, da wir im Erdgeschoss waren. Er hatte braune Haare und war sehr gut gebaut. Sein

Gesicht war deutlich zu sehen. Er hatte süße Mausaugen und ein tolles Lächeln. Einen leichten Schnurrbart hatte er auch. Er sah wirklich sehr freundlich aus, aber in seinen Augen gab es etwas Gefährliches. Ich kann es nicht beschreiben, aber in ihm spürte ich etwas Verrücktes.

In den Minuten, in denen ich ihn beobachtete, konnte man viel über ihn erfahren.

Seine Klamotten waren in Pastelltönen gehalten. Hellgrüne Hose, braune Jacke und ein hellblaues Shirt. 45 Minuten waren um und er diskutierte immer noch hot'n'heavy.

Ich fragte meine Mitschülerin, ob sie wisse, wer das ist. Sie kannte ihn vom Sehen her, aber seinen Namen wusste sie nicht. Nach der Stunde traf ich mich mit Marlon.

„Du kennst doch sicherlich einen Jungen, der unheimlich gerne mit Lehrern dis …"

Marlon erwiderte sofort: „Du meinst Reza Alavi? Den kennt doch jeder, Serena …"

„Ah, wusste ich nicht, der scheint mir nicht komplett deutsch."

„Hm, keine Ahnung, irgendwas mit arabisch oder so", sagte Marlon.

„Gut zu wissen, war nur neugierig, weil er mit einem Lehrer diskutiert hatte."

„Reza diskutiert immer mit Lehrern, keine Neuheit."
„Wie gesagt, just asking …"
Ich ging an selben Tag noch in die Sporthalle. Schnell, hastig von hinten gerannt kam auch Reza rein. Verschwitzt und zu spät zum Unterricht.
Ich rief: „Hey, du bist Reza und persisch, stimmt's?"
Reza: „Ja. Warum, wer bist du?"
Ich: „Wollte es nur wissen und Serena Leigh. Sorry, ich lass dich gehen."
„Alles klar, Serena."
Ich wusste nicht, warum ich ihn angesprochen hatte. Ich wollte nichts von ihm. War nicht mal interessiert. Später, als ich nach Hause kam, bekam ich eine Freundschaftsanfrage von Reza Alavi. Automatisch drückte ich auf Bestätigen. Sofort kam eine Nachricht: „Warum kennst du meinen Namen und meine Herkunft?"
„Ich habe meine Quellen und vom Aussehen spekulierte ich ein wenig."
Reza: „Jetzt kenne ich dich, Serena, wir können es dabei belassen oder wir können auf WhatsApp weiterschreiben ;)."
Er gab mir seine Nummer.
Der Chat endete.
Ich war nicht damit zufrieden, wie es endete.
Er brachte mich zum Nachdenken.

Ich schrieb am 2. Juni: „Bist du komplett iranisch?"
Reza: „Ich bin halb deutsch und persisch. Meine Mutter ist deutsch und mein Vater kommt aus dem Iran."
Ich: „Klingt ja interessant, ich bin auch halb Perserin."
Reza: „Du siehst wirklich hübsch aus für eine Halbperserin. Meistens finde ich keine attraktiven Mädchen, die halb-halb sind, aber du bist etwas anderes."
Ich: „Ach was, ich bin eine komische Mischung... Bist du Stier?"
Reza: „Ja. Woher weißt du das?"
Ich: „Wegen der Art, wie du diskutiert hast heute Morgen, ging ich davon aus, dass du hartnäckig bist. Liege ich richtig?"
Reza: „Ja! Schüchtert mich ein wenig ein, was du von mir weißt, obwohl du mich nicht kennst. Sternzeichen erraten und richtig liegen kann nicht jeder. Was bist du für ein Sternzeichen?"
„Ich bin Waage. Sternzeichen erkennen kann ich gut, denn ich kann Menschen gut durchschauen."
Reza: „Was willst du mir damit sagen? Ich hoffe, ich kann bei dir noch einen guten Eindruck hinterlassen. Waage und Stier passen nicht zusammen, sagt mir Google."

Ich: „Schade, hätte dich gern näher kennengelernt. Bis dann."
Reza: „Bis irgendwann."
Ich beendete den Chat, wie ich es wollte. Auch weil ich wusste, dass ich Reza beschäftigen würde. Er würde mich nicht einfach so vergessen können. Ich dachte an Marlon und snappte ihm, wo er jetzt gerade war. Er war zu Hause und machte noch seine Mathehausaufgaben. Ich erzählte ihm nichts von Reza, warum auch.

Krisensitzung

Wie jedes Jahr gab es im Palmengarten das Rosenlichterfest, wo jeder aus meiner Stufe hinging. Dieses Jahr hatten wir die heiße Diskussion, wer 15 € zahlen mochte, um dahinzugehen. Tage und zwei Chatgruppen später waren wir zu dem Entschluss gekommen, bei Tallia zu Hause zu chillen. Selbst eine kleine Feier zu machen.

Am Ende waren es jedoch nur Tallia, Selina, Claire, Marlon und ich. Ich zog ein weißes Kleid an, das fast durchsichtig war. Marlon wie immer eine Jeans, blaues V-Neck-Shirt und Chucks. Er war ein wenig genervt, dass ich mich so sexy anzog vor seinen Freundinnen.

Er war auch grumpy drauf, weil er nicht zu dem Rosenlichterfest gehen konnte, wie ein kleines Kind. Es wurde langsam Abend und wir liefen zusammen zu Tallia nach Hause. Selina und Claire waren schon da. Selina war ein Fan von mir. Sie fragte mich nach Schminktipps, wo ich meine Klamotten kaufe und wie man am besten kurze Haare stylen kann. Ich verstand mich sehr gut mit ihr. Sie war vielleicht die Einzige, der ich vertraute.

Wir tranken ein wenig Mische und wurden lauter im Garten. Es war noch Hochsommer, deswegen konnten wir gemütlich bis spätabends bei Tallia im Garten sitzen. Je betrunkener wir waren, desto alberner wurden wir. Selina umarmte mich und wollte mir etwas ins Ohr flüstern, als Marlon ausrastete und Selina mit seinem Fuß gegen den Kiefer trat.

Ich schrie: „Was ist los??!!"

Marlon darauf: „Ich dachte, Selina will sich an dich ranmachen. Ich kann es nicht leiden, dich mit ihr oder jemand anderem zu teilen!"

Ich: „Was denkst du von mir? Du reagierst total über. Ich will jetzt gehen, ich kann mir dieses Theater nicht mit ansehen."

Marlon hielt meinen Arm fest: „Ich komme mit dir, ich begleite dich nach Hause. Es ist schon fast zwei."

Ich schwieg ihn für den Rest des Weges an. Vor meiner Haustür sagte ich ihm: „Marlon, brauchst dir keine Sorgen machen, obwohl ich dir das gar nicht sagen muss, aber ich bin dein."

Marlon: „Serena, ich habe solche Sorgen, dass du mich irgendwann verlässt. Ich will dich behalten für immer, klingt jetzt noch total kindisch, aber …"

Ich: „Keine Angst, ich bleib dir treu."

In dem Augenblick störte mich etwas. Eine Stimme erklang in mir, die mich davon abhielt, ihm zu glauben, dass er wirklich Angst hatte. Ich weiß nicht, rückblickend, in der Sekunde, hatte ich die Situation umgekehrt.

ICH sollte doch diejenige sein, die Angst hat, dass er mir fremdgeht mit seinen ganzen Freundinnen.

ICH sollte misstrauisch sein.

ICH kenne mich gut genug, um zu wissen, wie ich mich verhalten werde.

Gedankenattacke innerhalb von wenigen Sekunden.

„Marlon, sehen wir uns morgen?"

„Serena, ich hatte dir doch gesagt, ich lerne mit Celma für Mathe. Aber danach vielleicht."

Ich lächelte ihn an und sagte „Nein, danke", ging rein ins Haus. Ich war wütend. Immer war ich unter seinen Freundinnen in der Rangordnung. Ich rannte die Treppen hoch, sah auf mein Handy.

„Neue Nachricht von Reza", um 4 Uhr morgens.

Reza: „Du bist mit Marlon Geørg zusammen?!"

„Ja, in der Tat. Warum?"

„Serena, du bist so bildhübsch, warum hängst du mit so einem Versager ab?"

„Er ist kein Versager, ich bin schon länger mit ihm zusammen. Was interessiert es dich eigentlich?"

„Serena, ich sage dir, mach mit ihm Schluss und ich zeige dir, wie ich dir ein besserer Freund sein kann."
„Reza, ich werde nicht sagen, dass ich kein Interesse hätte. Ich finde dich natürlich äußerst attraktiv, aber ich mache auf keinen Fall mit Marlon Schluss. Ich kenne dich nicht einmal und soll dir vertrauen? Ich will nichts von dir. Ich war nur anfangs neugierig."
„Neugierig also. Du wärst nicht neugierig, wenn du zufrieden mit deinem Freund wärst. Just saying."
„Gute Nacht, Reza, schreib mir nicht mehr, denn du scheinst nur auf Ärger aus. Lass es zwischen uns so bleiben, dass wir miteinander geschrieben hatten, okay?"
„Du hast ein Spiel angefangen. Träum süß, Serena."

Ich legte mein Handy weg.
Was hatte er damit gemeint?
Den Schreibverlauf zeigen?
Er konnte mir nichts.
Ich war mit Marlon zusammen.
Ich war mit Marlon zusammen.
War ich mit Marlon zusammen?

Natürlich fühlte ich mich wohl in Marlons Nähe, aber eine gewisse Distanz spürte ich dennoch. Die Rosarotebrillenphase war um. Warum sollte ich nichts mit anderen Jungs zu tun haben, wenn er sich mit anderen Freundinnen treffen konnte? Ich bestand auf Gleichberechtigung. Sollte ich mich deswegen schuldig fühlen? Nein.

Er durfte das genauso wie ich.

Er durfte das genauso wie ich?

Sollte ich misstrauisch werden? Selina war auf meiner Seite, sie würde mir nie wehtun. Tallia war überhaupt nicht Marlons Typ, aber was war mit Claire? Sie war zurückhaltend und nicht wirklich sichtbar.

Die Falle

Die Schule wurde zur Nebensache in den kommenden Wochen. Ich schrieb öfters mit Reza, weil Marlon mich wie immer vernachlässigt hatte. Ich weiß, es gab keinen Grund, aber zwischen mir und Reza war es rein platonisch. Er war ein sehr guter Zuhörer. Hauptsächlich ging es darum, dass er mich überzeugen wollte, mit Marlon Schluss zu machen, aber ich hörte nicht auf ihn.

Ich ließ ihn reden…

Ernst nahm ich es nicht. Tag für Tag wollte er mich überreden, mich mit ihm zu treffen. Auf keinen Fall. Ich durfte nicht reinfallen. Am Ende erführe es die ganze Schule und Marlon würde mir nicht mehr glauben. Reza war total in mich verknallt, weil ich anders war. Ich war „not easy to get" für ihn. Das machte ihn noch mehr an. So gesehen arbeitete er an mir.

Ich verlor nicht meinen Fokus. Reza war halt ein Macho. „Frauenversteher", „ein Charmeur".

Ihm konnte man nicht wirklich widerstehen. Er konnte gut mit Wörtern. Dennoch hatte ich immer Angst, er könnte mir etwas antun, so gut er auch zu mir war. Mittlerweile war er wie ein guter Kumpel für mich.

In der Schule schwiegen wir oder lächelten uns nur an, aber innerlich hatten wir eine Connection. Ich redete mit meiner besten Freundin Martha darüber, ob es gedankliches Fremdgehen sei.
Sie meinte, es sei komplett in Ordnung, einen guten Kumpel zu haben, auch in einer Beziehung. „Ihr macht ja nichts! Es ist nur das Schreiben miteinander." Ich beruhigte mich damit.
Reza erzählte mir von einer Theaterfahrt nach Limburg. Ich wusste nichts davon. Alle Schüler, die Theater gewählt hatten, mussten dahinfahren, zur Exkursion. Ich betete, dass Reza und Marlon nicht zusammen auf der Fahrt waren. Es stellte sich heraus, dass sie es doch waren. Ich bat Reza, nichts von unserer Schreiberei zu erzählen. Es gab nichts zu verheimlichen, dennoch wollte ich nicht, dass Marlon etwas davon wusste. Am Mittwoch fuhr er los und kam Freitag wieder zurück. Ich ging am Freitag zum Miley-Cyrus-Konzert in Frankfurt. Er rief mich kurz vor dem Konzert an.
„Serena, ich will dich noch kurz sehen."
„Klar, kommst du zu mir?"
„Bin in fünf Minuten da."
Ich war nervös.
Wollte er mit mir über Reza reden? Aber ich hatte mit ihm nichts „Romantisches".

Was, wenn Reza es falsch erzählt hatte? Ich konnte mir Unmengen Szenarien ausmalen. Er war da. Er umarmte mich. Erzählte, dass es ihm leid tue, wie er mich vernachlässigt hatte.

„Alles okay, Marlon? Was ist auf der Fahrt passiert?"

„Ein Vöglein hat mir gezwitschert, wie du dich fühlst. Ich kann es verstehen. Wir werden mehr Zeit miteinander verbringen, ich verspreche es.

Sei nicht eifersüchtig. DU musst dir keine Sorgen machen."

Mein Herz sank auf den Boden. Reza hatte ein gutes Wort für mich eingelegt. Der war doch nicht so böse.

„Ich muss los zu dem Konzert, Marlon."

Er umarmte mich noch einmal und schaute mir in die Augen. Wie ein „Hoffe, du bist nicht allzu verletzt."

Ich gab ihm einen Kuss und stieg ins Auto.

Nachts textete ich Reza.

„Danke."

Reza: „Wofür?"

„Du weißt, wofür. ;)"

Über die Sommerferien weg

Celma snappte mir immer wieder Bilder von Marlon, wenn er bei ihr war. Ich fand das nett von ihr, aber komisch war es immer noch. Nach der Schule, wenn er nichts zu tun hatte und ich noch Unterricht hatte, hingen die beiden ab. Celmas Eltern waren nie zu Hause. Sie waren von morgens bis abends weg. Bis heute weiß ich nicht, wo sie waren, aber es sprach sich in der Schule herum, dass Celma und ihr Bruder das Haus nur für sich hatten. Öfters gab es kleine Feiern bei ihr, weil sie sich wahrscheinlich nicht allein fühlen wollte. Sie wollte eine Lücke füllen. Sie wusste selbst, dass sie in der Schule nicht beliebt war.

Als ich mit Reza schrieb, erwähnte ich ihren Namen und seine Reaktion war: „WER?"

Ich war eifersüchtig, weil er mit ihr öfters abhing als mit mir. Was hatte sie, was ich nicht hatte? Nach und nach snappte sie mir mehr und mehr, wenn sie zusammen mit Selina, Vanessa oder allein abhing. Eines Tages ging es mir auf die Nerven und ich schrieb ihr einen Text: „Danke für die tollen Snaps, aber bitte vermeide es, mir welche zu schicken, denn ich habe nicht wirklich meinen Spaß dabei, euch zuzugucken, wie du und Marlon zusammen albernes Zeug macht."

Celma: „Ja, tut mir leid, wenn ich dir auf die Nerven gegangen bin, dachte, du möchtest wissen, wo Marlon sich herumtreibt. Hatte es als Freundin gedacht, dir Bescheid zu geben."
„Das schätze ich auch, Celma, aber es ist nicht nötig."
Ich redete mit Martha darüber, wie ich ihn dazu bringen könnte, nicht mehr mit denen abzuhängen. Ich wollte ihn nicht einengen, aber es gefiel mir einfach nicht.
Ich nervte mich selbst damit, ich wollte mit ihm reden. Martha motivierte mich noch dazu. „Serena, wenn es dich so sehr bedrückt, dann klär das lieber mit ihm, bevor es hässlich endet."
Marlon kam am Nachmittag zu mir. Er setzte sich aufs Sofa, ich begann zu reden.
Ich hatte genau geplant, wie ich anfangen wollte. Zudem hatte ich mit Martha geplant, was meine Argumente wären. Als ich ihn sah, wurde ich wieder weich und vergaß alle meine Kopfnotizen. Er war so süß und innocent. Seine grünen, naiven Augen. Sein unschuldiger Blick. Ich fing an zu reden. „Warum musst du dich immer mit deinen Freundinnen treffen? Ich habe das Gefühl, ich wäre an zweiter Stelle.

Ich will dich nicht zum Treffen zwingen, aber ich werde neidisch, wenn ich nicht dazugehören kann."
Marlon: „Serena, ich verstehe dich. Ich kann dennoch nicht die Freundschaft mit denen beenden, nur weil ich mit dir zusammen bin. Ich hatte auch ein Leben vor dir."
Ich war einfach überrascht von der Aussage. Er hatte völlig recht, aber ich wollte es nicht einsehen.
„Marlon, verstehe mich mal, ich will dich nicht mit den anderen teilen. Es macht mich unsicher. Ich habe total die Gedankenattacke, wenn ich weiß, du bist bei den anderen."
Ich unterstellte ihm nichts. Ich versuchte, meine Sicht für ihn verständlich darzustellen. Nach ein paar Minuten fing er an zu heulen, was mir das Herz zerriss. Seine Tränen wirkten so heilig. In dem Moment sah er so hilflos aus. Er dachte, es sei vorbei mit uns. Er hörte nicht auf und ich nahm ihn in die Arme. Ich beruhigte ihn. Es war mir etwas unangenehm. Ich hatte ihn in die Ecke gedrängt und es sah aus, als wäre ich die Hysterische. Er hatte die Diskussion komplett umgedreht, was nicht fair war. Ich gab mir selbst einen Face-Palm…

Er war für sechs Wochen weg, nach Dänemark. Ich vermisste ihn so sehr, also war es gut, dass unser „Streit“ doch noch gut ausgegangen war. Wir waren erst ein paar Monate zusammen, wenn jetzt schon Probleme kamen, wie würde es später aussehen? Ich riss mich zusammen und schrieb einfach mit Reza wie gewohnt weiter, um Marlon eifersüchtig zu machen. „Wie du mir, so ich dir.“
Marlon Geburtstag näherte sich.
Ich musste übers Wochenende zu einem Foto-Shooting nach München. Eine bekannte Filiale war über meine Model-Agentur auf mich aufmerksam geworden und hatten mich gebucht. Ich sollte das Gesicht für ein neues Produkt sein. Ich freute mich sehr, denn so konnte ich meinen Kopf ein wenig frei bekommen. Zwei Tage lang in einem weißen Raum mit 30 Crew-Leuten, fremde Menschen um mich herum und ich vergaß alles.
Ich liebte es, Hardrock-Shirts zu sammeln. Da ich in München war, kaufte ich ein Shirt für ihn, zusammen mit anderem Merchandise. Ich wusste, ich würde Marlon ein T-Shirt mitbringen, als Geburtstagsgeschenk.
Ich wollte meine Gedanken abschalten, denn ich machte alles nur komplizierter, als es sowieso schon war. Ich hatte ein gewisses Talent dafür, zu viel in eine Sache reinzuinterpretieren. Martha

wies mich immer darauf hin, „calm" zu bleiben. Ich fühlte mich in der Beziehung als fünftes Rad am Wagen. Er hatte genug Freundinnen um sich herum, mit denen er Spaß haben konnte. Ich telefonierte die Zeit über sehr viel mit Reza. Er hörte mir zu und ich hatte das Gefühl, er wartete nur darauf, bis ich keine Lust mehr auf Marlon hatte.

Im Juli wurde Marlon 18 Jahre alt. Seine Mutter lud mich auf ein Abendessen in das teuerste Restaurant in Frankfurt ein. Ich zog ein Flanell-Top mit Blümchenrock an, dazu pinkfarbige Vans. Als ich in der Wohnung von Marlon war, wartete ein brünettes Mädchen an der Tür. Sie drehte sich um, es war Celma. Mein Herz sprang auf. Ich wunderte mich, dass sie mitkommen sollte.

Marlon machte die Tür auf.

„Danke fürs Babysitten", sagte Henriette.

Ich beruhigte mich wieder. Marlons Kindergarten-Kumpel war auch da. Wir machten uns schnell auf den Weg ins Restaurant. Hätte ich gewusst, wie der Abend enden würde …

Vier Stunden lang saß ich am Tisch. Nicken und Lächeln waren meine einzigen Aufgaben. Henriette redete und redete. Sie schaute mich nicht an.

Keinen außer ihren geliebten Sohn. Ich glaube immer noch, dass es keine Entschuldigung gibt wie „Sie ist schüchtern" oder „Sie kann Menschen nicht so leicht vertrauen".

Sie war einfach unhöflich.

Sie ließ niemanden außer dem Kellner sprechen. Wir alle fühlten uns unwohl. Die Gerichte auf der Menükarte waren astronomisch teuer und das Essen schmeckte wie trockene Tannen. Ich wusste nicht, wie trockene Tannen schmecken, aber so stellte ich es mir vor.

Um kurz nach zehn endete das Abendessen. Mein ganzer Körper war angespannt.

Man denkt, ignoriert zu werden wäre das Einfachste. Interessiert wirken und so tun, als schmecke das Essen gut, in Wahrheit denken:

„Ich hätte den Abend genauso gut mit einer Dokumentation über die Spargelernte-Saison auf N24 verbringen können." Ich war fertig und wollte nur nach Hause. Zum Glück fragte Marlon nach der Rechnung. Ich war noch nie so glücklich gewesen wie in dem Moment, als der Kellner die Rechnung brachte. Zurück in der Wohnung saß Celma mit Sarah, Marlons kleiner Schwester, auf dem Boden. Sie liebte es, Bäume zu malen. Die verschiedensten Versionen von Bäumen.

Mir würden die Ideen von Bäumen ausgehen, aber Sarah war besessen davon. Henriette gab Celma das Babysitting-Geld und wir machten uns zu dritt auf den Heimweg.
Marlon und ich begleiteten Celma nach Hause. Sie erzählten mir auf dem Weg lustige „Drunk-Stories" wie dass Celma betrunken besser Fahrrad fahren könne als nüchtern laufen. Sie hatten viel miteinander erlebt. Ich wollte in den Storys auch auftauchen, aber ich hatte immer noch das Label „die neue Freundin".

Marlon flog am folgenden Donnerstag weg. Ich begleitete ihn zum Flughafen. Er hatte schon seinen Koffer gepackt. Ich hatte ein ungutes Gefühl. Als ich ihn abholen wollte, hörte ich von draußen Henriettes Stimme.
„Ich halte es nicht aus mit dir! Du wirst dir eine Arbeit suchen nach deinem Abitur und im Haushalt helfen! Ich werde dir kein Taschengeld mehr geben. Es reicht! Wenn du aus Dänemark zurückkommst, wirst du dich um dein Studium und deine Zukunft kümmern!"
Ich zitterte und klingelte an der Tür. Ich sah Marlons Gesicht. Er war bleich und wütend gleichzeitig. Neu war das nicht für ihn. Er rollte

mit den Augen und verabschiedete sich von seiner Mutter kalt und emotionslos.
Henriettes Freund brachte uns zum Flughafen. Die Stimmung war angespannt.
Ich war gedanklich woanders.
Ich versuchte, ihn aufzuheitern.
Er umarmte mich fest, als würde er mir etwas sagen wollen. Ich küsste ihn und sagte: „Nach den Ferien gibt es einen Neuanfang.“ Er lächelte. Er sah so handsome aus. Grüne Augen, in denen man sich verliert.
„Ich werde dir ganz oldschool jede Woche einen Brief schreiben“, versprach ich ihm.
„Promise?“
Ich wisperte: „Promise.“

Kein WLAN, kein Plan

Wir schrieben uns ab und zu. Ab der dritten Ferienwoche war ich in Japan für zwei Wochen. Jetlag und Zeitunterschied waren keine große Hilfe. Ich hatte leider kein WLAN bei meiner Gastfamilie, deswegen hörte ich mehrere Tage nichts von Marlon. Dennoch sah ich, wer seine beste „Snapchatfreundin" war. Auf Snapchat konnte man eine Rangliste der Leute sehen, mit denen er am meisten gesnappt hatte. Selina und Celma. Ich weiß, es klingt kindisch, aber ich sollte seine beste Snapchatfreundin sein.

Kein WLAN, kein Marlon. Ich fühlte mich so dumm und abhängig. Eine innere Stimme sagte mir, es sollte nicht beziehungsgefährdend sein, wenn man kein Internet hat, um zu fragen, wie es dem anderen geht. Er gab sich keine Mühe, mich anders zu kontaktieren. Ich schrieb ihm jede Woche.

Reza schrieb mir jeden Tag. Per WhatsApp. Wenn ich mal nicht zurückschrieb, schickte er mir eine SMS. Fragte, wie es mir gehe, was ich in Japan alles gemacht hätte. Öfters snappte ich mit Selina, Celma und den anderen. Um auf dem neuesten Stand zu sein. Außer Party und Hausis hatte ich

nicht viel verpasst. Auf Snapchat kann man immer seine „Points" sehen.
Das heißt, wie viele Fotos man bekommt. Marlons Stand war: 7.034. So viele hatte er insgesamt bekommen und verschickt. Ich schaute so oft wie möglich auf seinen Punktestand, um mich freiwillig zu foltern. Ich wusste, wer ihn die ganze Zeit mit Fotos bombardierte. Es war sie, Celma. Sie hatte in den Ferien keine Pläne, außer an ihrem Phone zu sitzen und mit Marlon zu chatten, bis der Akku leer war. Sie dachte, ich wüsste davon nichts. Jeden Tag waren es etwa 400 Fotos, die sie sich einander zuschickten. Krank war das. Ich fragte mich, ob sie nichts anderes zu tun hat. Marlon ebenfalls. Bei seinem Dad in Dänemark gab es nichts außer Natur. 400 Fotos, verteilt an einem Tag! Ich konnte nicht mithalten, denn ich hatte ein Leben. Ich konnte nicht die ganze Zeit am Phone verbringen und warten, bis der verehrte Herr Geørg mir snappte.
Es machte mich verrückt.
Warum tat ich mir das an?
Ich hatte ganz genau gewusst, dass der Wettkampf zwischen mir und Celma schon begonnen hatte, als wir zusammengekommen waren.
Ich liebte Marlon zu sehr.

Mädchen werden schwer abhängig, wenn sie nicht mehr klar denken können. Ich erzählte meiner Freundin Martha die ganze Geschichte. Sie machte mir ein paar Vorschläge dazu, wie ich ihn loswerden könnte. Ich suchte nicht nach einer Lösung. Ich hörte nicht richtig zu. Leute fragen nach Ratschlägen, um eigentlich das zu hören, was sie hören wollen. Eine Bestätigung ihres Denkens.
Währenddessen hörte ich mir selbst dabei zu, wie ich davon erzählte, wie sehr ich auf die beiden fixiert war. Ich war besessen von den beiden.
Ich schaute, welchen Punktestand die beiden hatten. Rechnete immer wieder neu aus, wie viele Fotos sie einander schickten. Es war totaler Blödsinn. Zu gern brächte ich Teenie-Serena heute dazu, ihre wertvolle Zeit anders zu nutzen.
Martha redete mir ein, ich solle einfach locker lassen. Selina, Marlons beste Freundin, fragte ich immer wieder, was er gerade mache. Sie hatten immer Kontakt zueinander. Selina war sehr nett und auf meiner Seite. Sie kannte meine Angst, deswegen erzählte sie mir, wo er war oder was sie in der Gruppe vorhatten. In Frankfurt lud sie mich zu den Partys ein. Sie wollte mich und Marlon nicht auseinanderbringen. Im Gegenteil. Sie versuchte, uns zusammenzuhalten. Ich war ihr sehr dankbar. Selbst als ich in Japan war, schickte

sie mir Fotos oder Chatverläufe von ihr, Marlon und den anderen. Sie hatte nichts zu verbergen. Sie hatte einen Freund, was seriös schien.

Tallia drängte sich in den Vordergrund. Eine Freundin aus der Gruppe, die keine Rolle spielte, aber Aufmerksamkeit brauchte. Mit ihr war auch alles gut. Sie machte mich nach und schaute, welche Klamotten ich trug, damit sie sie später nachkaufen konnte. Ich war nett zu ihr. Ich wollte mir keine Feinde machen. Celma und Vanessa waren keine Fans von mir. Das nutzten sie aus, um Marlon unsicher zu machen.

Wie dem auch sei.

Die Wochen gingen schnell rum. Ich war wieder in Frankfurt. Als ich landete, sah ich eine Nachricht von Reza: „Serena, ich muss dich unbedingt sehen!"

Ich antwortete: „Wo und wann?"

„Ich hole dich mit dem Auto ab, dann fahren wir irgendwohin."

Ich: „Alles klar."

Um 23 Uhr klingelte er mich an und ich lief schnell aus dem Haus bis zur Hauptstraße. Ich stieg in seinen Wagen. Er fuhr zügig los. Ich dachte nicht daran, dass es gefährlich sein könnte. Ich war nur neugierig, was er sagen wollte. Nach ein paar

Minuten waren wir auf der Autobahn Richtung Bad Homburg.

„Serena, ich habe Mist gebaut. Ich kann das keinem erzählen. Du bist meine einzige Zuhörerin. Dir kann ich vertrauen, oder? Es ist im Grunde nichts Weltbewegendes. Ich muss für eine Weile weg."

„Reza, was willst du mir sagen? Ich kenne dich nicht wirklich lang. Das ist ehrlich gesagt das erste Treffen. I mean, face to face."

„Serena, ich habe es einfach übertrieben. Ich kann nicht hierbleiben. Ich komme mit meiner Stiefmutter nicht klar. Mein Vater ergreift niemals Partei für mich. Nach der Scheidung meiner Eltern, bin von meiner Mutter weggelaufen, weil ich dachte, mit meinem Vater könnte ich besser umgehen."

„Du kannst nirgendwo hin? Bei Freunden höchstens ein paar Tage, aber weiter als Frankfurt kommst du nicht."

„Versteh doch die Situation. Ich bin außer Kontrolle. Ich weiß, ich habe eine Persönlichkeitsstörung. Mein Kopf explodiert. Meine Freunde erzählen mir, was ich alles erlebt habe, ich kann mich an nichts erinnern."

„Reza, ich versuche wirklich mitzukommen, aber ich kriege keinen Kontext heraus.

Ich bin momentan selbst beschäftigt mit meiner Beziehung.

Wir haben, glaube ich, beide Probleme, die wir selber nicht beheben können. It's like the blind leading the blind."

Reza bekam einen Lachflash. Er kriegte sich nicht mehr ein. Anscheinend hatte ich das Eis gebrochen. Zwei hilflose Individuen, versunken im Teenie-Chaos. Kein Therapeut würde das verstehen. Wir schämten uns nicht für unsere „Probleme", denn wir waren mittendrin.

Von außen betrachtend kann man klar denken, aber die angefangene Dreiecksbeziehung war ein Tohuwabohu. Dieses Wort beschreibt perfekt die Situation. Ich fühlte mich mit Reza wohl. Ich wusste, er stand auf mich. Es war auffällig genug. Dennoch war er ein Freigeist. Ihn konnte man nicht zähmen. Wenn er das Gefühl hatte, eingeschränkt zu sein, lief er weg. Wir hatten eine rein platonische Beziehung. Wir wussten, es war etwas in der Luft, aber zugegeben hätten wir das niemals. Reza war außerordentlich klug. Diese Menschen haben es doppelt schwer. Sie langweilen sich zu sehr in der Schule oder fühlen sich unterfordert und fangen an, andere Dinge auszuprobieren. Er war begeistert von Gedichten und Geschichte. Alte Dichter und Denker waren seine Vorbilder.

Durch ihn wurde ich klüger und ich beneidete ihn wegen seines großen Wissens. Er schickte mir Links mit versteckten Botschaften auf Persisch. Er brachte mir meine Kultur näher. Davor hatte ich nicht viel über das Land gewusst, aber Reza weckte meine Neugierde. Er hatte etwas, was ich nicht hatte. Marlon dagegen war einfach gestrickt. Ich suchte in ihm etwas, was mich begeistern konnte. Reza fuhr mich nach Hause und ich hatte immer noch nicht verstanden, was er mit „Ich muss für eine Weile weg“ meinte …

Ich schrieb Marlon an und fragte ihn, wann er zurückkommen werde. Am 4. September holte ich ihn vom Flughafen ab. Ich begleitete Henriette und wir warteten, bis er von der Gepäckausgabe. Zu dem Zeitpunkt fing sie an, mit mir zu reden, denn anschweigen konnten wir uns nicht mehr. Sie redete von seiner jährlichen Reise, wie er neue Leute kennenlernte. Ich hörte nicht wirklich hin.

Henriette: „Also, Marlon und Veto waren auch mal ganz dicke.“

Ich drehte mich zu ihr um, während ich von der einen Sekunde auf die andere schweißgebadet war.

Ich erwiderte: „Veto Schwarz?!“

„Ja, genau. Die waren herzallerliebst, Veto und Marlon hielten ständig Kontakt. Als sie gleichzeitig nach Skandinavien fuhren, kamen sie auf die Idee, sich in der Mitte zu treffen, in Kopenhagen.“

Mir wurde total schlecht und ich war weiß wie eine frisch gestrichene Wand. Mir kamen Tausende Gedankenattacken.
Henriette fuhr fort: „Sie waren irgendwie beste Freunde, aber nach einer Zeit verloren sie sich. Andere Interessen, andere Freunde …" Ich sagte mir selbst gedanklich: „…aber gleiche Freundin." Das war eine der Geschichten, die ich lieber nicht hören wollte. Mein Ex-Freund und mein jetziger Freund best friends außerhalb Deutschlands. Ich musste nicht alles wissen.
„Letztes Jahr, das ist nicht so lange her", sagte Henriette. Mein Herz versank in meiner Jackentasche und ich versuchte, es wiederzufinden, denn ich musste nach Marlon Ausschau halten. Ich suchte nach ihm in der großen Menge. Braunhaariger Boy mit Hardrock-Shirt. Das war er. Er suchte nach mir und ich rannte zu ihm. Ich umarmte ihn fest. Er küsste mich auf die Wange und hielt mich. Auf der Rückfahrt redeten wir nicht miteinander. Wir warfen uns nur kurze Blicke zu. Im Auto packte er meine ganzen Briefe aus, die ich ihm geschickte hatte. Sechs Briefe, sechs Wochen, jetzt hatten wir uns wieder. Wir waren wie früher, ein verliebtes Pärchen. Ich freute mich zu sehr, um an was anderes zu denken. Freute ich mich zu früh? Nachdem wir bei ihm in der Wohnung waren, ließ ich Marlon erst einmal allein.

Zucker & Salz

Wir bekamen unsere Klausuren zurück. Ich hatte relativ gute Punkte geschrieben. Ich hoffte auf einen Neuanfang mit Marlon. Er war jetzt in der 12. Klasse, also Endspurt. Er würde in wenigen Wochen auf seine Abschlussfahrt fahren. Ich wusste, bis zum „Abistress“ hätten wir noch ein paar Monate. Wir beide waren ziemlich beschäftigt. Wir verabredeten uns manchmal in den Pausen. Ich war durch Schulbücher abgelenkt. Ich legte mich dieses Mal ins Zeug für die Schule. Ich verlor keine Zeit mit Teenie-Drama. Wir wurden von Selina in den Jugendclub eingeladen. Freitagabend. Celma, Vanessa und Tallia würden auch da sein. Ich sozialisierte mich mit den anderen, um nicht unbeliebt zu werden.

Ich war nett zu Celma, doch sie bemerkte, dass nicht alles in Ordnung war.

„Wie kann es sein, dass du noch single bist?“, fragte ich Celma.

Sie schaute mich überrascht an.

„Ich habe einfach kein Interesse. Es gibt keine große Auswahl in der Schule.“

„Aha, Celma, mich selbst anlügen kann ich auch. Tobe dich bitte woanders aus, lass Marlon in Ruhe. Okay?

Ich hab leider kein großes Herz und teile nur ungern meinen Freund mit einer x-beliebigen Tusse. Du bist nicht wirklich eine Idealvorstellung, aber irgendjemand wird etwas an dir finden."

„Serena, was ist dein Problem? Ich habe nichts mit Marlon. Keine Angst, ich werde ihn dir nicht wegnehmen."

„Haben wir uns verstanden?"

„Klar, Serena."

Während der Feier ließ sie es sich nicht anmerken, dass ihr gerade gedroht worden war von mir. Sie hatte dieses klassische Fake-Lächeln. Sie sah so widerlich aus. Ich hasste sie. Ich weiß, man darf niemanden verurteilen, dennoch konnte ich mich nicht beherrschen, wenn es um sie ging.

Ich konnte ihr ihr nicht in die Augen sehen, sie war es nicht wert. Es war nicht meine Absicht, ihr zu drohen, aber sie legte es darauf an. Länger konnte ich nicht vormachen, ich wäre ihre Freundin.

Offensichtlich konnte ich meine Wut nicht unterdrücken. Eine Zeitlang hörte ich nichts mehr von Reza. Ich versuchte, ihn zu erreichen, aber er war verschwunden. Seine Freunde wussten auch nicht, wo er war. Ich machte mir Sorgen. Nach einigen Wochen sah ich ihn wieder in der Schule. Nach einer Zeit meldete er sich.

„Sorry, Serena, dass ich nicht sofort geantwortet habe. Ich war bei meiner Mum in Aschaffenburg. Ich wollte ein wenig lernen und musste meinen Kopf frei kriegen. Ich musste weg von allen. Verstehst du? Ich hatte meiner Familie Bescheid gegeben. Der Stress war mir zu viel. Die anderen verstehen, was ich durchmache."

Ich: „Ich weiß, was du meinst. Gedankenattacken, und die kann man nicht abschalten."

Reza: „Ich brauche jemanden, mit dem ich reden kann, der kein Therapeut ist."

Ich: „Geht mir genauso, nach dem ganzen Stress mit Celma und Marlon könnte ich Ferien gebrauchen. Was bedrückt dich am meisten?"

Reza: „Ich habe meine Freunde, Familie und alles andere, aber trotzdem fühle ich mich, als hätte ich niemanden. Ich bin nicht depressiv. Ich bin bipolar und das nervt mich selber.

Ich bin manchmal an meinem high-point und egal, was es ist, es kann mich runterziehen und den ganzen Tag verderben. Ich bin zu emotional, ich fühle für die anderen mehr mit. Wie bei dir. Ich mache mir mehr Gedanken um dich. Du bist mir wichtig. Eigentlich muss ich nicht mit dir über deinen Liebeskummer reden. Du bist mir aber nicht egal, und ich denke die ganze Zeit an dich."

Ich: „Mir war nicht bewusst, dass ich dich mit meinem Liebeskummer …“
Reza: „Keine Angst, es stört mich nicht, nur du bist ein hilfloses Mädchen, das dringend den Kopf klarkriegen muss.“
Ich: „Was du eben meintest, dass du dich isoliert fühlst. Den meisten geht es so. Denk nicht, die anderen würden sich vollkommen fühlen, weil es denen finanziell gut geht. Nimm dir ein Beispiel an mir. Ich bin das größte Opfer dieser Generation. Ich trauere um einen Freund, der vor meinen Augen jeden Tag mehr Zeit mit seinen Freundinnen verbringt als mit mir. Das glaube ich zumindest, aber weil ich ihn zu sehr liebe, möchte ich nicht aufgeben. Ich meine es ernst, wenn ich mein Versprechen gebe. Also halte ich es auch so, ich werde ihn zurückerobern, da kann Celma keine große Rolle spielen.“
Reza: „Was wir haben, ist etwas von allem. Wir können uns gegenseitig verstehen, aber dennoch, als Paar würden wir emotional durchdrehen, denk ich.“
Ich: „Stimmt. Eine ganz andere Frage: Wann ist die Abschlussfahrt nach Nizza?“
Reza: „In zwei Wochen, wir fahren mit dem Bus dahin. Das wird keinen Spaß machen. Hotel soll

gut sein, habe ich gehört. Marlons LK wird mit uns mitfahren, wusstest du das?“

Ich: „Nein, wusste ich nicht, du erzählst ihm nichts von uns, okay? Es würde nur unnötigen Stress geben.“

Reza: „Serena, ich werde schon sehen, dass ich mich kontrollieren kann. Du solltest dir keine Sorgen um Celma machen, oder wie auch immer die Chaya heißt. Ich red mal mit ihm Klartext.“

Ich: „Reza, du wirst dich nicht auffällig verhalten, okay?“

Reza: „Alles gut, Serena.“

Nizza und Reza

Die Themenwoche näherte sich. Es war die Woche, in der alle Stufen auf Exkursion oder auf Abschlussfahrt gingen.

Marlon würde mit Selina, Celma und Reza zusammen nach Nizza fahren. Ich hatte ein ungutes Gefühl bei der Sache, weil ich nicht wusste, was sie alles miteinander unternehmen würden. Selina vertraute ich. Reza dagegen- ich konnte wissen, was mich erwartete. Wie immer würde Marlon nur seinen iPod Touch dabei haben und kein Smartphone. Ich wollte wissen, wo er war und wann, denn sonst hatte ich keinen Kontakt mit ihm. Er würde mich niemals anrufen. Dummerweise fragte ich auch nie, warum er kein Smartphone hatte. Ich nahm es hin, naiv.

Selina schickte mir Snaps, dass sie angekommen waren. Sie waren in einer Herberge. Vier Tage lang mit zwei Leistungskursen. Sie verbrachten den Tag mit Sightseeing und abends waren sie saufen. Was würde man sonst erwarten? Von Celma bekam ich ab und zu Fotos davon, wie sie am Lagerfeuer saßen. Celma interessierte mich nur wenig. Ich dachte eher darüber nach, wie sich Reza verhalten würde.

Selina schrieb mir, was sie am letzten Tag vorhatten.
„Wir gehen an den Strand und machen ein Lagerfeuer. Sollte nicht spektakulär werden."
„Eine Bitte, Selina, pass auf Reza auf."
Selina: „Wie? Warum?"
Ich: „Nur so, er sollte nicht in der Nähe von Marlon sein. Er weiß vielleicht Dinge, die Marlon nicht wissen muss."
Selina: „Alles klar, ich gebe mein Bestes."

Ich legte mich aufs Bett und wollte schon schlafen gehen. Es war spät und am nächsten Tag musste ich früh aufstehen, denn mein Leistungskurs hatte geplant, nach Kassel zu fahren. Ich putzte mir die Zähne im Badezimmer und hörte ein Vibrieren aus meinem Zimmer.
Ich lief schnell hin und sah auf dem Display den Namen „Reza". Mir schossen Tausende Gedanken durch den Kopf. Ich entsperrte und ging ran:
„Reza? Was willst du um diese Uhrzeit?"
Reza: „Serena, ich verspreche dir, ich fetze mich mit Marlon heute noch.
Den werde ich zusammenschlagen, bis der Arzt kommt… Ich… werd…"
Ich: „REZA! Hör mir zu! Du wirst nichts machen, okay? Marlon hat mir nichts getan …"

Reza: „Serena, es gibt Sachen, die gehen einfach nicht. Er hat dich nicht verdient, ich habe ihn mit Tallia gesehen, wie sie auf ihr Zimmer gegangen sind."

Ich: „WAS? Ich verstehe nicht … Was zum Teufel … Wo sind die? Bist du dir sicher?"

Reza: „Serena, ich schwöre, ich gehe jetzt rein. Bis dann."

Mein Herz raste. 40 Sekunden waren genug, mich wieder aus der Fassung zu bringen.

Ich legte das Handy weg.

Ich nahm meine Jacke.

Ich knallte die Tür hinter mir zu.

Ich rannte die Straße runter, bis ich keine Luft mehr bekam.

Als die Straße endete, atmete ich tief aus, schrie meine Lungen raus.

Es war 00:46 und die Straßen waren wie leergefegt. Ich weinte los. In dem Moment dachte ich, ich würde hyperventilieren. Ich lief in den Park, um mich wieder einzukriegen. Ich saß auf der Bank und schnappte nach Luft. Ich war sauer auf mich, weil ich das zuließ.

Marlon nahm das Leben leicht und ich saß hier und weinte mir die Augen aus, weil ihm danach war, ein Mädchen abzuschleppen, weil sie gerade in der Nähe war. Ich konnte keinem trauen. Ich erlitt mit nur sechzehn Jahren ein Trauma fürs Leben. Als ich wieder zu Hause war, war meine Mascara verschmiert. Ich sah wie ein Waschbär aus. Ich lief die Treppen hoch, aber ich konnte vor meinem Bruder nicht verstecken, dass es mir elend ging.

Ich war soeben emotional auseinandergenommen und in einzelne Stücke zerlegt worden, sodass keine Träne mehr in meinem Körper übrig war, damit ich den Rest des Abends hätte weiterheulen können. Mein Bruder beruhigte mich. Ich schlief auf seinem Sofa ein mit meinem besten Freund Kleenex.

Am nächsten Tag wachte ich auf mit den Klamotten vom Vortag. Keiner war im Haus. Es war 9:35 Uhr, also hatte ich verschlafen. Es war mir egal, denn ich ließ das Revue passieren, was gestern geschehen war. Ich schaute auf mein Phone und sah drei verpasste Anrufe von Reza und ein Sprachmemo von Selina.

Ich wollte das Memo nicht hören, trotzdem ließ ich es abspielen. „Serena, ich glaube, Reza hat sie nicht mehr alle. Gestern saßen wir alle am Feuer, redeten miteinander und es gab Alk.

Reza hatte anscheinend zu viel getrunken. Wie dem auch sei, es begann lustig zu werden, als Reza aufstand, um nach Marlon zu suchen.

Ich rannte ihm hinterher, ich glaube, er rief währenddessen jemanden an. Er platzte ins Zimmer von Tallia und mir, schrie herum und schlug mit der Faust so oft auf Marlons Gesicht, bis beide anfingen zu bluten. Ich hatte den Lehrer gerufen, aber wir konnten sie nicht voneinander trennen. Marlon begann zurückzuschlagen. Reza fiel zu Boden, dennoch nahm Marlon ihn am Hals, würgte ihn, bis unser Lehrer Marlon wegzog. Rezas Faust war voller Blut und Marlons Gesicht, ich will gar nicht anfangen…

Reza schrie die ganze Zeit herum, irgendwie nach dem Motto: ‚Warum tust du das Serena an?' oder ‚Wie kannst du das deinem Mädchen antun, das dich so sehr liebt?' Reza wiederholte Tallias Namen mit unterschiedlichen Beschimpfungen, was aus dem Nichts kam. Ich wollte dir Bescheid geben, falls du das wissen möchtest. Ich glaube, du wirst es sowieso an Marlons Gesicht erkennen. Hier ist noch ein Foto von Rezas Faust, die anderen Bilder wären zu hart gewesen, selbst ich hätte keine Nerven dafür. Wir werden heute ungefähr um 21 Uhr in Frankfurt sein. See you."

Das Memo war kurz gefasst.

Der Bruch in mir brauchte Tage zum Erholen. Ich sammelte mich, um klar denken zu können.

Ich wollte nicht wissen, was passiert wäre, wenn Tallia ins Zimmer reingekommen wäre. Was wollten Tallia und Marlon überhaupt? Ich löschte meine Gedanken, ich schrieb Marlon, dass ich ihn am nächsten Tag treffen wolle. Ich liebte ihn zu sehr, was mich abhängig machte. An einem Punkt ging es nicht mehr darum, wer mehr Mist gebaut hatte, es ging mir darum, Klarheit zu schaffen. Die ganze Stufe wusste schon Bescheid, abgesehen davon wollte ich wissen, wie lange Marlon das Spiel spielen konnte. Im Inneren war er ein ehrlicher Mensch, nur in den letzten Monaten hatte er damit begonnen, dem Teufel zuzuhören. Er wusste selbst, was er tat, war nicht richtig. Vor den Sommerferien waren wir eins gewesen.

Samstagnachmittag kam er zu mir. Ich machte die Tür auf und erschrak vor seinem Gesicht. Ich ließ mir nichts anmerken, er umarmte mich. Ich gab ihm einen Kuss auf die Wunde.

Er hatte ein blaues Auge, sein Gesicht war angeschwollen.

Seine eine Wange war angeschliffen. Wir setzten uns aufs Sofa. Ich sah in seinen Augen, dass er mir etwas sagen wollte.

„Du musst nicht. Ich weiß nicht, was eigentlich vorgefallen ist. Es tut mir leid, dass Reza ausgerastet ist, er weiß, wie es mir geht."

Marlon: „Du musst mir deine Gefühle erzählen, nicht Reza. Wir werden mehr Zeit miteinander verbringen. Ich verspreche es dir. Ich will nur zu dir. Die anderen interessieren mich gar nicht."
Marlons Augen waren nicht mehr innocent. Etwas war in ihm, was ihn teuflisch machte. Ich weiß nicht, was es war, dennoch wollte ich ihm glauben. Seine Freundinnen waren schuld, so wie Parasiten. Man konnte die nicht loswerden. Sie waren in seinem Kopf. Die wussten, dass Marlon auf Partys stand, also organisierten sie jede Woche etwas. Warum er dabei sein wollte? Er war der Boss der Gruppe. Sonst konnte er sich nicht mächtig fühlen. Zwischen uns war der Funke auch schon längst erloschen. Am Abend waren wir in der Stadt essen, ich vergaß, was passiert war, obwohl ich die Szenen nicht aus meinem Kopf drängen konnte.
Er hielt meine Hand auf dem Weg zu mir nach Hause: „Ich werde dich nicht verletzen, du bist die Wichtigste für mich und hör auf, mit Reza zu schreiben. Den Gedanken, dich mit ihm zu sehen..."
Ich antwortete: „Ich gehöre dir, it's up to you. Ich bleibe dir treu."

Diadem mit Folgen

In der Schule hatte ich zwischen dem Unterricht alle zu Gesicht bekommen. Mit Marlon hing ich die meiste Zeit ab. Wenn es mal keinen Unterricht gab, waren alle bei Celma. Alle versammelten sich dort, um zu essen oder Hausaufgaben zu machen. Das Haus war riesig, stammte aus den 40ern und war fünfstöckig. Am Anfang war ich dabei, als alle dahingingen, denn ich war neugierig, wie Celma wohnte. Ich besuchte Nelson, ihren Bruder, weil er mir in Mathe Nachhilfe gab. Das Haus war fast zu übersehen in der großen Landstraße. Es hatte blaue Jalousien und Efeu an den Wänden. Die Raumaufteilung war etwas komisch. Sie hatten eine offene Küche mit einem riesigen Esstisch, obwohl sie nur zu viert darin wohnten. Celmas Eltern waren wohlhabend, aber nie zu Hause. Bis heute wundere ich mich, warum ich sie nie zu Gesicht bekam. Mit Celmas Bruder Nelson verstand ich mich ziemlich gut. Er war nett zu mir, ich kam mit dem Mathestoff in der Schule nicht mit, deswegen half er mir jede Woche. Entweder trafen wir uns bei ihm zu Hause, oder wir machten das Zeug im Oberstufenraum. Es war komisch, immer noch Kontakt mit den beiden zu haben, nachdem es zwischen mir und Celma nicht problemlos gelaufen war. Wie auch immer, das Haus war eingerichtet wie in den 70ern. Die Möbel stammten vom Flohmarkt und alles andere war antik. Nelsons Zimmer war direkt neben Celmas. Ich wusste, wie sie lebten. Celmas Zimmer war dunkel und überall hingen Fotos von ihr und ihren Freundinnen. Marlon war auf den Bildern nicht oft zu sehen.

Im Haus war es totenstill. Ich fühlte mich nicht wohl darin. Es ähnelte einem Geisterhaus. Ich fragte Nelson, ob er sich nicht manchmal einsam fühle ohne Eltern. Nelson meinte, man gewöhne sich daran. Celma habe sowieso immer Leute im Haus, seien es Marlon oder Selina.

Ich fragte: „Wo sind deine Eltern überhaupt?"

Nelson: „Sie fahren öfters übers Wochenende weg oder arbeiten bis spätabends."

Im Inneren war ich etwas schockiert, dass die Geschwister sich eigentlich um sich selbst kümmern mussten. Sie putzten das Haus, kauften ein und „ernährten" sozusagen alle ihre Freunde. Es gab bei ihnen immer etwas zu essen, deswegen waren sie so beliebt. Celma kaufte sich ihre Freundinnen, salopp gesagt, mit Essen.

Nach einiger Zeit redete ich mit Selina über Celma. „Serena, ich sage dir, mit Celma stimmt was nicht. Sie schickt mir manchmal voll die komischen

Sprachmemos, wie sie in ihrem Zimmer mit sich selbst redet. Sie ist wirklich allein. Sie hat wirklich niemanden, mit dem sie abhängen kann, und jetzt, wo du ihr Angst eingejagt hast, trifft sie sich auch mit Marlon nicht mehr."
Ich sagte: „Sie sollte sich ein Hobby suchen. Zumindest lässt sie meinen Freund in Ruhe, ich sollte kein Mitleid mit ihr haben. Ich plane gerade meinen Geburtstag und weiß nicht, ob ich sie einladen soll."
Selina: „Besser wäre es, du würdest keinen Krieg mit ihr anfangen. Klüger wäre es, so zu tun, als wärst du in ihrem Team. Sonst bastelst du dir zwei gespaltene Parteien, ohne es zu wissen."
Ich: „Hast recht, ich wollte Nelson auch einladen, mit ihm verstehe ich mich ja gut."

Ich wurde am 17. Oktober siebzehn Jahre alt. Ich lud meine Freunde ein. Martha, Selina, Nelson und ein paar andere aus meiner alten Klasse. Ich reservierte einen großen Tisch in einem schicken Lokal. Ich wünschte mir zum Geburtstag von meiner besten Freundin Martha ein Diadem mit pinkfarbigen Strasssteinen dran. Ich zog ein weißes Kleid an, Marlon machte sich schick für mich. Er schenkte mir einen Brief und Lippenstifte von Christian Dior.

In dem Brief ließ er Revue passieren, wie wir uns kennengelernt hatten. Sein Leben wäre nur halb so schön ohne mich und der ganze schnulzige Kram. Es heiterte mich auf, denn ich war echt nervös an meinem Geburtstag. Celma und Nelson kamen zusammen zur Tür rein. Ich umarmte die beiden, die anderen kamen nach. Leider war Selina an dem Tag krank. Ich wollte sie am meisten dabei haben. Martha übergab mir das tolle Diadem und ich hielt eine kleine Rede. Alle waren mit dem Essen zufrieden. Ich saß an dem langen Tisch in der Mitte. Zu meiner rechten Seite saß Marlon und zur linken Martha.

Celma saß neben Marlon und amüsierte sich nicht wirklich. Ich versuchte, die Stimmung zu heben, aber sie war sehr in Gedanken versunken. Sie war nicht ansprechbar. Sie verhielt sich enorm komisch und lächelte die ganze Zeit. Sie fühlte sich nicht wohl in der Menge. Ich beobachtete sie. Marlon versuchte, mit ihr zu reden, aber es kamen keine brauchbaren Antworten. Nach dem Essen machten wir eine Völkerwanderung durch Bornheim. Wir planten, auf der Bertramswiese Alk zu trinken. Wir teilten uns auf. Johannes, mein bester Freund, war auch dabei. Wir kauften im Rewe die Getränke ein und liefen los.

Ich packte meine Knicklichter aus. Jeder bekam welche und sie banden sie um ihre Arme. Wir leuchteten mit Neonfarben im Dunkeln. Die Leute unterhielten sich miteinander, die Einzige aus der Gruppe, die nicht mitmachte, war Celma.
Der Abend endete damit, dass wir Nelson und Celma nach Hause begleiteten. Danach gingen Marlon und ich zu mir nach Hause.
Ich fragte ihn, warum Celma sich nicht in unsere Gruppe integrierte. Er wusste auch nicht, warum.
An dem Abend war ich wirklich wieder glücklich. Ich hatte alles, was ich mir wünschen konnte. Eine unterstützende Familie, einen Freund, der mich liebte, und Freunde, die mich mochten. Es gab keinen Fehler in meinem Leben. Ich war den Leuten nicht egal, ich hatte eine Stimme in der Schule. Meine Noten waren befriedigend. Ich hatte an dem Abend ein Diadem bekommen. In den Augen anderer war ich makellos. In den Augen anderer.
Das dachte sie.
Mit „sie" meine ich: Celma.
Sie war das Gegenteil von mir.
Sie wusste das auch.
Sie war sowohl äußerlich als auch charakterlich nicht sympathisch. Ihre Eltern waren nicht für sie da. Sie hatte niemanden, an den sie sich wenden

konnte. Ich kann ihr nicht böse dafür sein, dass sie neidisch auf mich war. Was sie wollte, war ein Freund, der ihr zu Füßen lag.
Sie hatte es oft versucht, aber die Jungs waren einfach nicht begeistert von ihr.
Sie war nicht witzig, interessant oder liebenswert. Celma war im Inneren eiskalt. Man spürte keine Wärme oder etwas in der Art, Celma war keine Person, der man alles anvertrauen konnte.
Celma fühlte sich mir unterlegen.
Ich sage auf keinen Fall, dass ich ein makelloses Leben hatte, nur wirkte ich charakterlich netter als sie, deswegen hatte ich es leichter, mit anderen Menschen auszukommen. Sie spürte, sie müsste sich ändern an dem Abend. Entweder würde sie sich ändern oder als graue Maus alleine bleiben.

Es waren Herbstferien. Ich verbrachte den Tag mit Marlon. Wir gingen schick essen. Als wir zur Bahnstation liefen, hatte ich die tolle Idee, nach Hause zu laufen, anstatt die Bahn zu nehmen. Marlon mochte es wie immer nicht, eine Jacke anzuziehen. Er lief in jeder Jahreszeit in einem T-Shirt herum. Er gab niemals zu, dass ihm kalt war. Im Oktober war es schon ziemlich kalt.
Die Idee dahinter, ich wollte mit Marlon mehr Zeit verbringen. Wenn er direkt zu Hause wäre, würde

er sich mit seinen Freundinnen treffen. Von der Hauptwache bis zu mir nach Hause waren es 45 Minuten zu Fuß. Ich war warm angezogen, aber er hatte den ganzen Weg über Gänsehaut. Ich fragte ihn, ob es okay sei, zu laufen, er nickte nur und wollte nicht zugeben, dass er lieber mit der Bahn fahren würde. Wir hielten Händchen. Er fing an zu schniefen. Als wir bei mir waren, schlief er auf meiner Couch ein. Er war so fertig, weil er in der Kälte gezittert hatte. Nach ein paar Stunden wachte er auf und ging nach Hause, ohne ein Wort zu sagen.

Wir snappten einander manchmal, ich hatte viel zu tun. Ich musste für Klausuren lernen, die nach den Ferien geschrieben wurden. Er hatte längst schon Abiturstress. Er ging zum Arzt, weil er Husten hatte und Muskelschmerzen. Sein Arzt verschrieb ihm nichts, wovon er noch kränker wurde. Er hatte Migräne, Schnupfen, das ganze Programm. Am Anfang war es eine harmlose Erkältung, aber nach und nach wurde es zu einer Bronchitis. Weiterhin nahm er keine Medikamente, weil er strikt dagegen war. Er durfte nicht mehr aus dem Haus, ich hörte tagelang nichts von ihm, bis ich mich entschloss, zu ihm zu gehen. Ich brachte ihm Hühnchensuppe, er konnte nichts mehr essen, da sein Hals zu sehr wehtat. Ich war bei ihm. Sein iPod vibrierte die ganze Zeit über. Celma schickte ihm andauernd Snaps von sich. Ich nahm den iPod und antwortete für ihn. Als sie bemerkte, dass ich es war, die ihr antwortete, war sie wieder ruhig.

Die nächsten Tage war ich bei Marlon, um ihn zu versorgen. Er nahm sieben Kilo ab. Er hungerte sich dünn, denn seine Mutter kochte nichts für ihn. Henriette bat mich an einem Abend, zu ihnen zu kommen. Sarah war völlig hin und weg von mir. Sie wollte mit mir spielen. Sie war außerordentlich schlau, sie war erst fünf, aber weit entwickelt für ihr Alter. Sie konnte schon lesen, schreiben und addieren. Hauptstädte konnte sie zuordnen und buchstabieren.

Wir machten an dem Abend einen Spieleabend. Marlon war gedanklich nicht anwesend, er snappte die ganze Zeit mit seinen Freundinnen, die gerade eine Hausparty feierten.

Sie machten ihn eifersüchtig, weil er nicht dabei sein durfte. Seine Mutter erlaubte ihm nicht, aus dem Haus zu gehen, weil er überhaupt nicht fit war gesundheitlich. Celma wusste, Marlon würde nicht widerstehen können. Er war sauer auf sich selbst, weil er so starke Bronchitis hatte.

„Lass Serena allein zu Hause und komm zu uns“, so etwas in der Art schrieb Celma.

Ich war zwiegespalten. Marlon war so ein Kind.

Seine Freunde hatten etwas mehr Spaß als er und er wollte unbedingt dorthin.
Ich verabschiedete mich früher, denn es war mir zu unangenehm. Sollte er doch gehen, wenn er wollte.
„My duty is done here", dachte ich mir.

Ich ging shoppen mit meiner Freundin Martha. Ich hatte keine Lust, mir über Marlon den Kopf zu zerbrechen. Celma sollte tun, was sie wollte, ich hatte genug Vertrauen zu Marlon, um zu wissen, er würde nicht zu ihr wollen, mir zuliebe.
Ich snappte Celma ein paar Fotos von mir, um sicherzugehen, ich würde nichts verpassen. Nelson schickte ich auch etwas. Als Antwort schickte Celma mir ein Stück Lasagne.
„Na gut, wenn das so ist. Guten Appetit."
Ich spürte, etwas stimmte nicht. Martha und ich waren in der Galeria Kaufhof, als ich zu Martha sagte, ich würde Henriette anrufen wollen, um zu checken, ob ich Marlon besuchen könnte.
„Hallo?"
„Hier ist Serena, kann ich kurz mit Marlon sprechen?"
„Er ist eben gerade gegangen, zu Celma, wenn ich mich nicht irre."

Ich schaute Martha an und mich in meiner Spiegelreflexion, in der Kosmetikabteilung, die Wut in meinen Augen. Wie höllisch heiß mir auf einmal wurde. „Henriette, würde es dich stören, wenn ich doch noch zu euch komme?“, fragte ich.

„Klar, kannst vorbeikommen, wann du willst“, sagte sie.

Ich verabschiedete mich schnell von Martha, stieg sofort ins Taxi. Fuhr Richtung Marlon und fragte, ob der Taxifahrer noch kurz an Celmas Haus vorbeifahren könnte. Ich sah alle im Wohnzimmer, sie spielten Monopoly, warum auch immer. Ich rannte hoch zur Wohnung und klopfte leise an der Tür, weil Sarah schon schlafen gegangen war. Henriette machte mir die Tür auf, sie sah mir nicht in die Augen. Die Tränen in meinem Gesicht konnte man nicht übersehen. Sarah sprang aus ihrem Bett, weil sie meine Stimme gehört hatte, lief zu mir und fragte mich, warum ich traurig sei.

„Wenn du nur wüsstest“, erwiderte ich.

Ich setzte mich aufs Sofa und fing einfach an zu weinen. Henriette sah mir zu. Sie ließ mich für ein paar Minuten heulen.

„Was ist los?“

„Es ist Celma. Sie ist schuld an allem. Sie steht mir einfach im Weg. Ich sagte ihr, sie solle uns in Ruhe lassen, aber sie lässt Marlon nicht los.“

„Kann ich dir etwas anvertrauen? Das liegt daran, dass Marlon jemanden braucht, der für einen da ist. Marlon ist ein Scheidungskind, er hatte nie wirklich jemanden zum Reden. Sein Vater lebt in einem anderen Land und ich bin viel zu beschäftigt mit Sarah. So ist das nun mal. Er braucht einen Elternteil oder Freunde, wo er sich wohlfühlt. Celma ist für ihn sozusagen das alles. Sie war da, bevor du ihn kennengelernt hast. Marlon ist ein Gewohnheitsmensch, er lässt niemanden hinter sich zurück. Er versucht, es allen recht zu machen. Zu Hause fühlt er sich nicht wohl, deswegen braucht er einen Zufluchtsort, weil sie in der Nähe wohnt, ist es bequem für ihn. Sozusagen eine ‚Freunde-Treffen-Ecke'. Es hat alles damit zu tun, dass er nicht allein sein möchte. Die Freunde, die ihm wichtig sind, denen bleibt er treu, ob es ihm gut tut oder nicht. Nur weil du in die Szene kommst, heißt das nicht, das er seinen Freundeskreis vernachlässigen wird."

„Er weiß, er verletzt mich damit."

„Er ist von seinen Freunden abhängig, aber nicht im guten Sinne, seine Freunde tun ihm nicht gut. Ich sehe das ja selbst, seitdem er mit denen abhängt, sinken seine Noten von Jahr zu Jahr. Er geht unter der Woche weg, feiern, und kommt spät betrunken nach Hause und er denkt, ich würde nichts merken. Ich als Mutter kann leider keine Regeln aufstellen. Er muss selbst sehen, wie weit er gehen kann mit seinen ‚Freunden' oder wen er alles damit verletzt. Ich weiß, das ist furchtbar zu sehen, wie er mit deinen Gefühlen spielt, aber vielleicht rede mal mit Celma darüber."

Wir redeten bis Mitternacht zusammen über Marlon, von Stunde zu Stunde merkte sie mehr, wie sehr ich ihn liebte. Bevor Marlon nach Hause kam, verließ ich die Wohnung.

Entfernt von allen

Zwischen mir und Marlon war es sehr awkward. Er hatte nicht herausgefunden, dass ich an dem Abend bei seiner Mutter gewesen war, aber dennoch spürte er die Ruhe vor dem Sturm. Wir verabredeten uns manchmal, aber die meiste Zeit war er bei Celma. Mir wurde klar, nachdem ich mit Martha darüber geredet hatte, dass ich ihr sagen sollte, sie solle Abstand von ihm halten. Obwohl ich das schon einmal gesagt hatte, reichte das irgendwie nicht, um sie abzuschrecken. Ich rief sie an. Mein Herz raste wie verrückt. Ich wusste innerlich, sie würde nicht von Marlons Seite weichen.

„Serena? Warum rufst du an?“, fragte Celma.

„Ich will mit dir reden, hast du kurz Zeit?“

„Ja, mach es kurz. Was willst du von mir?“

„Ich habe in letzter Zeit das Gefühl, wir wären Rivalinnen. Es geht um Marlon und wie nah ihr euch seid. Versteh mich nicht falsch, aber eure Freundschaft ist mir viel zu nah. Ich weiß, ihr wart vor mir schon eine lange Zeit befreundet. Ich bin jetzt seine Freundin und es wäre echt nett von dir, wenn du dich ein wenig raushalten würdest. Stell dir vor, ich würde Tag und Nacht mit deinem Freund abhängen, auf intime Art und Weise.

Ich fühle mich komischerweise in meiner Beziehung als Außenseiterin. Seit meiner Geburtstagsfeier verhältst du dich ein wenig seltsam. Liegt es an mir? Habe ich dir was getan? Wenn du ihn mehr magst als zuvor, sag es mir, damit ich wenigstens weiß, wie ich die Situation in den Griff kriegen kann. Kannst du nachvollziehen, was ich dir sagen möchte?"

„Serena, du musst echt keine Angst vor mir haben. Wenn du wissen möchtest, ob ich für Marlon Gefühle habe, kann ich dir versichern, ich habe keine. Wirklich. Deine Sicht auf die Situation ist nachvollziehbar, da momentan nicht alles gut zwischen euch läuft; ich kann mich da raushalten, wenn euch das hilft."

„Celma, ich wäre dankbar, wenn du uns Zeit gibst, an unserer Beziehung zu arbeiten."

„Wenn sonst nichts ist, dann leg ich jetzt auf, bis dann."

„Bis dann, Celma."

Ich war erleichtert, nur etwas misstrauisch. Das Gespräch war viel zu einfach gelaufen, aber was sollte ich noch mehr hineininterpretieren? Meine Gedanken waren sowieso wie ein Nonstop-CD-Player, der nicht aufhörte, sich zu wiederholen. Marlon und ich machten Familienausflüge. Zusammen hatten wir uns für einen Töpferkurs angemeldet, um für seine Schwester etwas zu basteln. Wir fühlten uns einander wieder nah. Wir redeten mehr miteinander. Es war eigentlich fast wie vorher. Ich sah Celma und ihre Freundinnen in der Schule, aber wir grüßten uns nicht.

Irgendwie plante Vanessa, Celmas enge Freundin, eine Mittwochabend-Treffecke.

Ich war nicht verwundert. Marlon brauchte seine Friends-Session, um „Dampf abzulassen". Jeden Mittwoch trafen sich die drei, um was weiß ich zu machen.

Labern und Kiffen waren das Standardprogramm. Marlon würde nie darauf verzichten können. Selina erzählte mir als Beobachterin, wo Marlon war und was er machte. Das beruhigte mich. Aus dem Nichts schrieb mir Claire eine Nachricht. Sie hatte mit mir nie etwas zu tun gehabt. Claire war sehr schüchtern, aber immer überall dabei.

Auf WhatsApp schrieb sie mir: „Hey Serena, ich kann verstehen, dass du dich unwohl fühlst wegen der Sache mit Celma und Marlon, aber ich versichere, da läuft nichts zwischen denen. Ich habe sie heute noch mal drauf angesprochen und sie sagte mir, sie empfindet für ihn nichts.

Sie sind echt nur gute Freunde.

Das wollte ich nur loswerden."

Ich war erstaunt über die Nachricht. Ich schrieb ihr sofort zurück. „Danke dir, Claire, für deine Sicht auf die derzeitige Situation, aber trotzdem werde ich das Gefühl nicht los, da wäre was. Naja, mal sehen, was passiert …"
In der Schule wussten alle, dass ich anscheinend Celma gedroht hätte, sich von Marlon fernzuhalten, sodass Reza mich anschrieb und fragte, was passiert sei. Celma sprach mit jedem darüber und stellte mich schlecht dar. Warum hatte ich von Reza mitbekommen, dass sie dieses Gerücht verbreitet hatte?
Reza: „Serena, alles klar bei dir? Warum hast du mit Celma darüber geredet?"
Ich: „Ich weiß, dass zwischen denen was läuft, aber jeder tut, als wäre ich hysterisch."
Reza: „Wollen wir uns sehen? Du weißt, ich will dir nur helfen, um einen klaren Kopf zu bekommen."
Ich: „Wäre eine gute Idee, ich muss mich ablenken. Mittwochabend, holst du mich ab?"
Reza: „Klar, bis dahin."

Wir fuhren etwas außerhalb Frankfurts.
Er hatte für uns einen Tisch in einem wundervollen französischen Restaurant reserviert. Reza war ein Gentleman. Er hatte Klasse und war voller Wissen.

Ich mochte es, ihm einfach zuzuhören. Sei es über persische Dichter oder weltberühmte Denker. Er brachte mir die persische Kultur näher. Ich lachte an dem Abend mehr als je zuvor. Ich konnte wieder lockerlassen. Die platonische Freundschaft hing am seidenen Faden.

Verguckte ich mich ein wenig in ihn?

Nein, das durfte ich nicht. Ich war noch vergeben.

Reza war mein Zuhörer und meine Zuflucht.

Ich war mit Marlon zusammen.

Marlon war aber nicht bei mir, er war lieber mit Celma in einem Raum als mit mir.

Das war Fakt.

Nach dem Essen liefen wir auf den Hof des Restaurants. Es war schon November, ich hatte eine dicke Daunenjacke an. Meine Hände froren. Reza nahm meine Hand und wärmte sie auf.

„Serena, warum willst du noch warten? Warum machst du nicht einfach Schluss mit Marlon?"

Ich: „Reza, die Frage höre ich nicht zum ersten Mal. Ich weiß nicht, was mit mir los ist. Es ist ein Teufelskreis, aus dem ich nicht mehr rauskomme. Ich liebe ihn zu sehr, um loszulassen."

Reza: „Er ist es nicht wert. Lass ihn leiden, bis er selbst das Spiel nicht mehr spielen kann. Du solltest es ihm nicht so leicht machen.

Er ist innerlich ein guter Bub. Es sind nur seine Freundinnen, die ihn dazu zwingen, von dir fernzubleiben."
Ich: „Du hast recht, ich lasse die Situation einfach eskalieren. Bis dahin kann ich einfach nur beobachten."
Reza schaute mir tief in die Augen. Es war dunkel, aber die Laternen waren noch an, sodass ich seine Silhouette sehen konnte.
Man konnte die Spannung zwischen uns mit einem Messer schneiden.
Er beugte sich vor.
Ich geriet in innere Panik.
Er umarmte mich.
Er streichelte mein Haar und küsste meine Stirn.
Ich war erleichtert.
Ich konnte ihm vertrauen.
„Serena, keine Angst, ich fange nichts mit Vergebenen an, falls du das dachtest. Du verdienst einen Besseren."
Er fuhr mich nach Hause. Ich war überwältigt von den letzten Monaten. Ich schlief mit einem guten Gewissen ein.

Partei ergreifen

„Serena! Hast du mitbekommen, dass Marlon und Celma letzte Nacht zusammen alleine waren? Sie hatten sich im Park verabredet. Einer meiner Kumpels hat ihn gesehen mit ihr. Sie waren sich richtig nah. Fast als hätten sie sich zuvor geküsst."
Mir war bewusst, ich würde mein Frühstück wiedersehen, als ich die Nachricht von Reza gelesen hatte.
„Serena! Celma war schon wieder alleine mit ihm bei ihr zu Hause. Sie guckten einen Film zusammen; da Marlon mit Celma schon fast auf der Couch gekuschelt hat, ist Vanessa nach Hause gegangen, weil sie sich unwohl fühlte." Selina schickte mir ein Memo.
„Serena! Marlon begleitete sie nach Hause nach dem Sportunterricht. Als ich sie zufällig gesehen hatte, wollte Celma ihn küssen, aber er ließ es nicht zu."
Martha erzählte es mir in der Schule.
Jeden Tag sah ich die beiden zusammen. Jeder in der Schule wusste davon. Sie hatten alle Mitleid mit mir.
Alle waren auf meiner Seite, sie kannten die Realität. Selbst die Freundinnen fühlten sich nicht wohl dabei.

Vanessa hatte es darauf angelegt, dass die beiden sich näherkamen. Jetzt, wo es wirklich passiert war, schlossen Celma und Marlon alle anderen Freunde aus. Ich erinnere mich noch an eine der Pausen, ich hatte noch ein paar Minuten, bis der Physikunterricht anfing. Ich lief die Treppen hoch und schaute auf den Schulhof herunter. Da standen die beiden nebeneinander.

Ich hatte so eine Wut auf die Welt. Ich zitterte am ganzen Körper, ohne dass ich es wusste, flossen Tränen. Es war mir peinlich, mich selbst so kaputt zu sehen. Ich sah mich selbst in der Reflexion am Glasfenster.

Ich wog nur noch 43 Kilogramm, eingefallenes Gesicht und Augenringe. Ich konnte die Trauer nicht verbergen. Mir ging es elend und trotzdem sah ich den beiden nur zu. Marlon war nicht mehr der, den ich mal gekannt hatte. Er war wie ausgewechselt. Er war aggressiver und mehr von sich selbst überzeugt. Ich stand in der Menge und heulte. Ich stand hinter dem Glasfenster, wo mich Vanessa gesehen hat. Bis heute schäme ich mich, dass sie mich in diesem Zustand erwischt hat. Sie wusste, wie ich mich fühlte, und trotzdem unternahm sie nichts, außer die Beziehung der beiden zu stärken. Vanessa motivierte die beiden,

sich öfters nach der Schule zu treffen. Plante sie das alles, um es mir heimzuzahlen?
Wie konnte man so skrupellos sein? Es war nicht ihre Aufgabe, den Leuten zu sagen, was sie machen dürfen, aber man darf niemandem dabei zusehen, wie jemand so sehr verletzt wird und zwar bewusst. Ich verstand es nicht. Ich sah weg und ging in den Unterricht. Celma trug einen pinkfarbenen Wollmantel. Warum das relevant ist? Sie dachte, sie würde darin süß aussehen. So innocent. Sie zog sich generell nicht altersgerecht an. Sie mochte Blümchenmuster und hatte einen sehr weiblichen Geschmack. Sie lächelte immer, als müsste sie etwas verbergen. Ich hatte eine Allergie gegen diesen pinkfarbenen Wollmantel. Zu dieser Zeit waren die im Trend. Jedes Mal, wenn ich einen solchen Mantel sah, schauderte ich.
Ich lenkte mich mit Selina ab. Sie war auf meiner Seite. Wenn ich mich recht erinnere, waren wir in zwei Gruppen aufgeteilt. Unbewusst entschieden sich die Leute für Team Serena oder Team Celma. Vom Team Serena wurde ich benachrichtigt, wenn es etwas Neues gab. Ich fand das absurd. Ich sollte selbst fragen können, was Marlon machte. Doch die Distanz zwischen uns war so groß, dass ich mich nicht mal traute.

Er schrieb mir und fragte, ob wir uns sehen wollten. Er kam zu mir, wir aßen zusammen zu Abend, die Stimmung war wie zuvor. Als er bei mir war, war alles wieder normal. In der Gegenwart meiner Mutter verhielt er sich sehr naiv. Respektvoll und schüchtern. Ich fing an zu fragen: „Warum passiert das alles? Was ist los mit dir? Ich verstehe nicht, warum du dich so sehr zu deiner Freundesgruppe hingezogen fühlst."
Marlon: „Serena, ich verstehe es selbst auch nicht mehr. Es sind nur Freunde …"
Bevor er den Satz zu Ende bringen konnte, fing er an zu weinen. Ich war geschockt und dachte mir: „ICH muss diejenige sein, die vor ihm heult! Die Rollen wurden vertauscht? Machte er das mit Absicht?"
Ich beruhigte und umarmte ihn. Ich verstand sein two-face nicht mehr. Ich war mit der Situation überfordert, ich wollte ihm mitteilen, dass ich in seinem „Spiel" nicht mehr mitmachen konnte. Da war er. Verletzt und von Emotionen überfordert. Er konnte nicht mehr klar denken. Er wusste ganz genau: Was er tat, war nicht richtig. Was sollte ich in der Situation sagen?
Sollte ich es beenden?
Das würde ihn noch mehr überfordern.

In dem Moment wurde mir klar:
Männer weinen aus dem Grund nicht, weil es schmerzhaft ist, zuzugucken.
Wir haben ein Idealbild, dass sie stark sein können, was auch immer passiert. Sie müssen uns in dem Moment helfen, über Sachen hinwegzukommen. Doch Marlon war emotional völlig fertig.
Diese wenigen Wochen hatten ihn wirklich mitgenommen. Es tat mir weh, ihn so fertig zu sehen. Ich wollte eigentlich eher mit ihm darüber diskutieren, wie falsch er sich verhielt.
„Well, that ship sailed far away…"
Ihn jetzt zur Rede zu stellen, wäre unangebracht gewesen. Er war nicht mehr mein Marlon, sie hatte Macht über ihn. Ich dagegen konnte nur zusehen. Er tat mir leid. Das war alles, was ich denken konnte.
Ich schrieb Reza: „Was soll ich machen?
Ich kann nicht dabei zusehen, wie das alles auseinanderbricht. Marlon zeigte mir gestern, wie er sich fühlt. Es ist Celma, die Marlon wehrlos machte."
Reza: „Du bist nicht seine Mutter, er sollte selbst wissen, was er sich antut. In manche Angelegenheiten darf man sich nicht einmischen. Lass ihn leiden, bis er selbst zu einem Entschluss kommt. Die Zeit wird bald kommen, ich verspreche es dir. Er darf nicht so

leicht davonkommen. Schluss machen würde die Sache nur für ihn erleichtern. Du darfst nicht lockerlassen."

Durch seine Freunde wurden seine Noten immer schlechter und gefährdeten sein Abitur. Er kam unter der Woche spät nach Hause, er bekam wenig Schlaf. In der Schule konnte er nur schwer mithalten. Zu Hause half er seiner Mutter nicht und arbeiten ging er auch nicht. Er trank und kiffte zu viel. Vanessa und Celma machten ihn abhängig. Wenn falsche Freunde die Sucht selbst werden. Natürlich sagte ich kein Wort. Er war alt genug, um das selbst zu wissen. Marlon hatte seine Prinzipien, die er selbst gebrochen hatte. Er verurteilte andere, die das gemacht hatten. Aber jetzt wurde er selbst zum Opfer. Mir würde er niemals erlauben, so spät wegzugehen.
Seine Abiturvorbereitungen liefen wie geplant. Er traf sich immer noch spätabends mit Vanessa und Celma.
Ich passte auf Sarah auf. Marlons Eltern wollten zum ersten Mal wieder gemeinsam ausgehen. Sie fragten mich, ob ich Zeit hätte. Ich sagte zu, denn ich mochte Sarah. Den ganzen Nachmittag war sie bei uns und wir guckten Fernsehen oder spielten auf dem iPad. Spätabends holte Marlon sie ab.

Er stand an der Tür, wir wechselten nur ein paar Worte. Ich war ihm gegenüber kalt. Ich wollte ihm das Gefühl geben, er wäre unerwünscht. Wenn ich weiß, dass er mit Celma allein abhängt, aber es ihm nicht verbieten darf – was erwartet er dann von mir?

Zu oft dachte ich darüber nach, es wäre einfacher gewesen, wenn die beiden zusammengekommen wären. Ich wäre eher erleichtert als wütend gewesen. Sie hätten niemandem etwas vormachen und zu ihren Gefühlen stehen sollen. Meine andere Seite dagegen fühlte nichts mehr. Nach und nach gab ich auf. Ich versuchte die Situation nicht mehr zu retten. Marlon wusste, was er tat und zu wem er am Ende stehen würde. Seine Freundinnen waren auf meiner Seite. Sie hatten unendlich viel Mitgefühl mir gegenüber. Sie wussten, wie sehr ich litt, aber dagegen anzukämpfen würde auch nicht helfen. Die Tage vergingen und alle planten eine Party. Dieses Mal war Vanessa dran. Sie war ein Meister im Leuteversammeln. Jede Party bei ihr wurde zur Legende. Bis heute gibt es immer einen Anlass, über den die Leute reden. Warum ich Vanessa nicht mochte? Sie versammelte die Leute bei sich, damit sie sich betrinken konnten, sie zwang jeden dazu, auch unter der Woche!

Ich fand das ziemlich armselig. Sie war in der Schule dafür bekannt. Also plante sie die Partys nur, um beliebt zu werden. Ich ging nicht zu der Party. Sie wussten, ich würde bei so etwas nicht mitmachen, deswegen war ich nie wirklich „Mitglied" in der Gruppe.

Am 16. November um 21 Uhr versammelten sich alle bei Vanessa.

Natürlich gab es viel Alkohol. Alle hatten direkt am Dienstag eine große Klausur zu schreiben in ihrem LK. Die Freundinnen konnten selbst mit einem Kater locker 12 Punkte schreiben. Ich war einfach nicht eine von ihnen. Selina schickte mit Snaps von der Party. Ich war zu Hause mit meiner Freundin Martha. Ich war nicht eifersüchtig, dass ich nicht eingeladen war. Technisch gesehen hatte ich eigentlich alles mitbekommen. Ich schaute nicht mehr auf mein Phone. Es war 23:50 Uhr und ich mit meinem Phone in Bett. Danach ging ich ins Wohnzimmer und verabschiedete mich von Martha.

Als ich die Treppen hinauflief, hörte ich mein Handy klingeln. Ich schaute drauf: „Eingehender Anruf: Marlon Geørg".

Ich rollte die Augen und ging ran: „Was ist los?"

Marlon: „Serena, es tut mir unendlich leid, wie sehr ich dir in der letzten Zeit wehgetan habe."

Marlon schluchzte fast. Ich hatte das Gefühl, dass er davor geweint hatte.

„Ich habe einen Fehler begangen, Celma soll mich in Ruhe lassen. Ich war viel zu dumm, mich auf sie einzulassen. Sie ist es nicht wert, unsere Beziehung aufs Spiel zu setzen. Können wir uns sehen?"

Ich: „Marlon, es ist alles in Ordnung, du musst dir keine Sorgen machen. Am Mittwoch sehen wir uns. Wir gehen zusammen mit dem Französischkurs ins Kino. Komm bitte gut nach Hause. Und keine Dummheiten!"

Ich legte schmunzelnd auf. Marlon hatte wirklich Schuldgefühle mir gegenüber. Was war wohl passiert? Bis heute weiß ich nicht, was in ihm geschehen war. Man sagte mir, Celma sei ihm an diesem Abend zu nahe gekommen und er habe sich vor ihr geekelt. Es gibt ein paar Momente im Leben, in denen man aus einem langen Tiefschlaf aufwacht und realisiert, was eigentlich passiert. Entweder sieht man nicht das Licht am Ende des Tunnels, oder man sieht den Grund, warum man sich im Tunnel befindet. Ich bewahrte Ruhe.

Vor dem Schuleingang sammelte sich der Kurs, um einen französischen Film im Deutschen Museum zu sehen. Es regnete. Ich trug einen schwarzen Samtrock mit einer beigen Jacke. Marlon hatte nur ein weißes T-Shirt und Jeanshose an.

Er hielt die ganze Zeit über meine Hand, während der Film lief. Wir redeten nicht viel miteinander. Es war eher oberflächlich. Ich fragte ihn, wie Vanessas Party gewesen sei. Details wollte ich nicht wissen, aber konversationslos konnte ich den ganzen Weg zu mir nach Hause auch nicht verlaufen lassen. Krampfhaft versuchte ich, ein Thema zu finden, bei dem seine Freundinnen nicht Thema waren. Seine Augen glasig, als wolle er mir etwas sagen. Er konnte es nicht. Er begleitete mich nach Hause, er gab mir einen Kuss auf die Wange. Ich verabschiedete mich mit einem Lächeln. Es verunsicherte ihn sehr. Er war verwirrt und wusste nicht, wie er das interpretieren sollte.
Ich sagte: „Es ist alles okay."
„Es tut mir wirklich leid, es ist nicht okay. Serena, bitte sei nicht abweisend zu mir. Ich bin immer noch der Alte."

Am Samstag plante ich, mit Reza und Martha auf einen Rave zu gehen, eine Studentenparty. Ich hatte mich richtig gefreut. Was mit Marlon war, interessierte mich recht wenig. Ich machte mir keinen Kopf darüber. Reza holte uns beide ab und wir fuhren auf den Campus. Ich machte mich hübsch und schaltete mein Handy auf stumm. Ich wollte nichts hören oder sehen.

Keine Snaps, keine Memos. Ich amüsierte mich. Martha und ich tranken mehrere Shots. Reza passte auf mich auf, sodass ich nicht auf dumme Gedanken kam. Nach und nach kamen alle Freunde von Martha. Wir teilten uns in Gruppen auf, aber ich blieb bei Reza. Auf dem Rave war es stickig und dunkel. Ich hielt Rezas Hand, um ihn in der Menschenmasse nicht zu verlieren. Ich schrie Reza zu, dass ich raus wollte. Er hörte mich kaum, weil die Technomusik zu sehr dröhnte.
Ich holte mein Handy raus, als ich die Nachricht von Selina las: „Serena, Celma und Marlon sind ins Gästezimmer gegangen. Du hast das nicht …"

Ich konnte die Nachricht nicht zu Ende lesen, da ich schon sehr angetrunken war, als mich ein Typ von der Seite anrempelte. Er knallte seinen Ellbogen gegen meine Rippen, sodass ich von der einen Sekunde auf die andere keine Luft mehr bekam. Ich verlor mein Gleichgewicht und stürzte zu Boden. Mir wurde schwarz vor Augen.

Vorhang auf

Am 30. November lag ich in meinem Bett, mit meiner Hand an meiner Rippe. Ich ließ Selinas Memo auf WhatsApp laufen. Selina erzählte mir, was da wirklich vorgefallen war. Celma hatte sich an Marlon rangemacht. Die Nacht hatte so angefangen, dass sich alle bei Claire getroffen hatten, um eine riesige Fete zu feiern, weil die Eltern für ein paar Tage weggefahren waren.
Die beste Gelegenheit für Celma, mir eins reinzuwürgen nach dem ganzen Debakel. Auf Snapchat sah ich Natasha, Celma und meinen verehrten Marlon. Also war sie mit ihm auf der Fete gewesen, obwohl er nicht eingeladen war. Celma hatte ihn mitgeschleppt, um endlich mit ihm allein zu sein. Claire hatte Celma ausdrücklich gesagt, er sei unerwünscht und sie wolle ihn nicht auf der Party haben. Sie hatte es anders gesehen, da Marlon Freizeit hatte, konnte er genauso auf die Party eingeladen werden wie alle anderen. Celma war mit ihm im Gästezimmer verschwunden. In den Snaps sah ich schmerzerfüllt, wie sie sich innig küssten.
Weinend versuchte ich ein- und auszuatmen. Ich hatte das Gefühl, ich würde hyperventilieren. Ich spürte immer noch den Ellbogen.

Ich hatte vergessen, dass Marlon heute zu mir kommen würde. Ich machte mich schnell fertig, aber mein Kopf fühlte sich wie Blei an. Ich hatte keinen Kater, es war dieses Gefühl, das Ende vom Tunnel zu sehen.

Wie verabredet klingelte er um 13 Uhr bei mir zu Hause an der Tür. Verschwitzt und voller Schuldgefühle umarmte er mich, während er dachte, ich wüsste nichts von dem, was am Samstag passiert war.
Ich erwiderte seine Umarmung mit dem Gefühl, das wäre die letzte für immer. Es passiert nicht oft, dass man alles vorhersehen kann, ohne denjenigen vorher einzuweihen. Wir saßen gemeinsam am Tisch, aßen Hühnchen überbacken, mit Reis und Lauch. Reichten uns die Soße, das Wasser und die Teller, als wäre nichts. Mutter konnte nur schwer mit ansehen, was als Nächstes passieren würde, deswegen schickte sie uns schnell hoch und entband uns vom Geschirrspülen. Ich kicherte jedes Mal, wenn ich daran dachte, was das alles für ein Drama war. Ich stand Marlon gegenüber und wir wärmten uns an der Heizung mitten im Raum. Er stellte mich zur Rede, wollte wissen, warum ich die ganze Zeit gesagt hätte, dass ich keine Zeit für ihn hätte. Ich antwortete darauf: „Ich hatte

Besseres zu tun mit Martha und Reza." Ich hatte schon seit fünf Wochen vorgeplant, was wir unternehmen würden, damit ich abgelenkt würde von dem Gedanken an Marlon und Celma.
Wir legten uns auf mein Bett, er versuchte mich die ganze Zeit zu küssen, aber ich konnte mein Lachen nicht zurückhalten. Er fragte mich, was denn sei. Ich überlegte nicht mal, was ich ihm sagen wollte. Die Worte kamen von selbst. „Ich oder Celma?"
Er schaute mich an und wusste sofort, dass irgendwann der Moment hatte kommen müssen. Wir konnten ihm nicht entfliehen. Da waren wir. Er sagte nichts. Er schwieg. Ich sprach mit ihm und wollte ihm ausdrücklich klarmachen, dass ich so nicht weitermachen konnte.
All diese Zeit, in der ich dachte, da würde etwas laufen zwischen ihm und Celma, hatte er versucht, mir weiszumachen, dass da nichts sei. Ich würde mir alles nur einbilden. Jetzt saß er an meiner Bettkante und sagte. „Ich wünschte, du hättest unrecht." Diese Worte. Alles zusammengefasst.
Ich wiederholte mich, sie oder ich.
Er wollte in keiner Weise der Verantwortliche sein für das Aus unserer Beziehung. Marlon laberte über die Wahrscheinlichkeit, wie es enden würde, wenn er A oder B nahm. A, er würde mit mir glücklich, müsste aber den Kontakt zu Celma für

immer abbrechen, oder B, er wählte sie aus, verlöre mich für immer. Ich wusste ganz genau, welchen Weg er gehen würde.
Ich musste mit ihm Schluss machen.
Meine Knie waren wie Pudding, mein Rücken war kalt. Ich konnte dennoch nicht weinen. Er schon. Tränen liefen über seine Wangen. Er wischte sie weg mit seinem Pullover. Ich stand auf.

Ich blickte in seine Augen und sagte zu ihm die: „Du kannst dich jetzt so oft mit Celma treffen, wie du willst. Es ist vorbei. Du bist jetzt frei und kannst machen, was du willst."
Er wollte diese Worte nicht hören. Er schüttelte seinen Kopf. „Ich hatte dich schon seit Langem verloren." Er machte sich langsam auf den Weg nach Hause. Zog seine Schuhe an, während ich jetzt erst realisierte, was vor sich ging.
Als Letztes standen wir uns gegenüber und blickten uns ein letztes Mal in die Augen. Der intensivste Moment bisher. Ich wisperte: „Ich hatte das nicht verdient."
Er küsste mir die Stirn und erwiderte: „Du warst zu gut für mich."

Ich hielt die Trauer nicht mehr zurück und weinte los. Ich konnte nicht mit ansehen, wie er die Tür schloss und nie wieder zurückkommen würde.

Brief ohne Absender

Im späten Sommer kam ich nach dem Einkaufen nach Hause und schaute in den Briefkasten. „Für Serena" stand auf dem Brief. Keine Adresse, kein Name des Absenders. Ich wusste nicht im Geringsten, wer diesen Brief geschrieben hatte. Es war schwer zu erkennen, ob das eine weibliche oder männliche Handschrift war. Ich öffnete panisch den Umschlag und es war eine Postkarte mit der Aufschrift „I'm sorry" darin. Die beiden Seiten der Postkarte waren in Schriftgröße 3 beschrieben. Von der obersten Ecke bis zum Ende war alles voll.

„Liebe Serena, ich würde dir gerne erklären, wie es aus meiner Sicht alles abgelaufen ist …"

Ich suchte schnell einen Namen auf der Karte und fand ihn: Celma.

„…wenn ich dich sehe, bekomme ich ein Hassgefühl und fühle mich ungerecht behandelt. Es war nicht meine Schuld, dass sich zwischen Marlon und mir etwas entwickelt hatte. Ich wusste von Anfang an, dass es nicht lange zwischen euch halten wird. Wir sind nun mal länger miteinander befreundet, deswegen, und er würde nicht einfach so die Freundschaft hinschmeißen für so eine wie dich.

Eine Beziehung, in der es kein Vertrauen gibt, ist schon der Anfang vom Ende.
Du hast nicht zu Marlon gepasst und ich denke, es war besser für euch, so auseinanderzugehen. Vielleicht hast du ein Charakterproblem und schiebst die ganze Schuld auf mich, was ich, ehrlich gesagt, nicht verstehen kann.
Ich kann Menschen, die mich stören, einfach verdrängen und meistens klären sich die Dinge von selbst. Aber dieses Mal kann ich deine Meinung nicht nachvollziehen und würde dich bitten, drüber hinwegzukommen. Ich hoffe, du kannst mir verzeihen, was ich dir angetan habe."
Ich setzte mich aufs Sofa und wurde bleich.
Was sollte ich darauf antworten?
Sollte ich ihr darauf antworten?
Warum schrieb sie mir einen Brief nach acht Monaten Funkstille?
Ich hatte sie öfters in der Schule gesehen. Sie hatte ihr Image in der Schule verloren und ein schönes Abschlussjahr hatte keine von ihren Freundinnen.
Meine Wunde war viel zu groß, als dass ich so tun könnte, als sei alles in Ordnung.
Celma bat um Verzeihung?
Konnte ich ihr verzeihen?
Jemals?

Celma hatte anscheinend genug unter der Situation gelitten, sodass keiner ein reines Gewissen hatte bei deren Beziehung. Marlon und Celma waren kurze Zeit darauf zusammengekommen, was ich über drei Ecken erfahren hatte.
Im August lief ich an ihrer Haustür vorbei. Ich hatte den fertig geschriebenen Brief in der Hand.
„Du warst leider immer präsent in unserer Beziehung. Drei ist immer einer zu viel. Du kannst versuchen, die unschönen Momente im Leben zu verdrängen, aber Erinnerungen können nicht gelöscht werden.
Was du mir angetan hast, ein herzzerreißender Prozess, der mir emotionale Schmerzen bereitet hat, werde ich nicht vergessen können.
Verzeihen ist eine gute Sache, die ich aber leider noch nicht kann."

Personenverzeichnis / Wer ist wer

Celma	im Freundeskreis von Marlon
Claire	im Freundeskreis von Marlon
Hannah	beim Spanisch-Austausch dabei
Henriette	Mutter von Marlon
Isabel	beim Spanisch-Austausch dabei
Johannes	im Freundeskreis von Serena
Josh	im Freundeskreis von Marlon
Julian	Austauschpartner von Serena
Katrin	in der Schach-AG dabei
Konstantin	im Freundeskreis von Serena
Lauren	beim Spanisch-Austausch dabei
Marlon	Boyfriend von Serena
Martha	Serenas beste Freundin
Natasha	Person aus dem ersten Buch „Manipulation“
Nelson	Bruder von Celma
Oleg	Leiter der Schach-AG
Paula	beim Spanisch-Austausch dabei
Reza	Serenas guter Freund
Sarah	Schwester von Marlon
Selina	im Freundeskreis von Marlon
Serena	Girlfriend von Marlon
Tallia	im Freundeskreis von Marlon
Vanessa	im Freundeskreis von Marlon
Veto	Person aus dem ersten Buch „Manipulation“
Viktor	Person aus dem ersten Buch „Manipulation“

Vorgänger von „sie."

Manipulation (2016)

Zu viele Freundschaften entstehen heutzutage durch soziale Netzwerke. Sie sah Veto an den Treppen und es brauchte nur einen Klick, die seine Welt auf den Kopf gestellt hatte. Sie hat Ambitionen, wie auch andere, aber dieses Mal könnte man sagen, das Jahr wird viele aufregende Ereignisse haben. Man sollte wissen, was man tut, mit welcher Absicht. Mädchen wollen nur ihren Spaß. Auf welche emotionalen Kosten sie kommen, ist deren Sache.